Dr. Christian Rauda /

Dr. Jochen Zenthöfer

25 Fälle

Grundrechte

(mit Verfassungsbeschwerde)

Grundrechte in Fällen

Das vorliegende Buch ist ein **Fall-Kompendium** zu den Grundrechten. Damit lernen Sie, Ihre Klausuren gut zu bestehen. Die typischen Konstellationen unserer Fälle werden immer wieder abgeprüft.

Ein Fallbuch ersetzt kein Lehrbuch. Als allgemeine Einführung in die Gesamtmaterie empfehlen wir den **Juristischen Grundkurs „Staatsrecht 2 – Grundrechte"**, ISBN 978-3-935150-19-4 (Richter Verlag, 7,80 Euro).

Informationen zum kostenfreien Online-Klausurenkurs mit zusätzlichen Fällen finden Sie unter: **www.rauda-zenthoefer.de** – Wir erbitten Kritik und Anregungen an: autoren@rauda-zenthoefer.de

Christian Rauda *Jochen Zenthöfer*

Dr. Christian Rauda ist Rechtsanwalt in Hamburg und Lehrbeauftragter verschiedener Hochschulen, u.a. der Johannes-Gutenberg-Universität Mainz.

Dr. Jochen Zenthöfer ist Rechtsassessor, hat zum Staatsorganisationsrecht promoviert und ist in Luxembourg tätig.

COPYRIGHT: Richter-Verlag
Hans-Peter Richter
Paul-Schroeder-Straße 18
24229 Dänischenhagen
Tel. 04349-1725
Fax 04349-571
e-mail: RICHTER-VERLAG@t-online.de
www.Richter-Verlag.de

Druck und Verarbeitung: Druckerei Schmidt & Klaunig, Kiel

Weitere Bücher dieser Reihe sind erhältlich über den Buchhandel oder direkt vom Verlag.

3. Auflage 2013

ISBN 978-3-935150-78-1

Grundrechte in Fällen

Einteilung der Grundrechte

Freiheitsgrundrechte	Gleichheitsgrundrechte	Verfahrensgrundrechte
Garantierter Handlungsbereich für die Bürger	**Garantie der Gleichbehandlung aller Bürger durch den Staat**	**Garantie auf effektiven Rechtsschutz**
Art. 4: Glaubens- und Bekenntnisfreiheit Art. 5: Meinungs- und Pressefreiheit, Freiheit der Kunst und der Wissenschaft Art. 8: Versammlungsfreiheit Art. 9: Vereinigungsfreiheit Art. 10: Brief- und Fernmeldegeheimnis Art. 11: Freizügigkeit Art. 12: Berufsfreiheit Art. 13: Unverletzlichkeit der Wohnung Art. 14: Recht auf Eigentum und Erbrecht **Art. 2: Allgemeine Handlungsfreiheit**	Art. 3 II: Gleichberechtigung von Mann und Frau Art. 3 III: Verbot der Ungleichbehandlung wegen Geschlecht, Abstammung, Rasse, Sprache, Heimat und Herkunft, Glauben, religiöser und politischer Anschauungen Art. 6 V: Gleichstellung der nichtehelichen Kinder mit den ehelichen Art. 33 I - III: Staatsbürgerliche Gleichstellung aller Deutschen Art. 38 I: Wahlrechtsgleichheit (grundrechtsgleiches Recht) **Art. 3 I: Allgemeines Gleichheitsgrundrecht**	Art. 19 IV: Zugang zu den Gerichten Art. 101: Verbot von Ausnahmegerichten (grundrechtsgleiches Recht) Art. 103: Verfahrensrechte des Angeklagten (grundrechtsgleiches Recht)

Verfassungsbeschwerde: Zulässigkeit

1. Statthaftigkeit / Rechtswegeröffnung

Nach Art. 93 I Nr. 4a GG i.V.m. § 13 Nr. 8a BVerfGG ist der Rechtsweg zum Bundesverfassungsgericht eröffnet.

2. Beschwerdefähigkeit (= Parteifähigkeit, § 90 I BVerfGG)

Beschwerdefähig ist nach Art. 93 I Nr. 4a, § 90 I BVerfGG jedermann:

a) Natürliche Personen von Geburt bis Tod.
Ausnahmen: Lebensschutz ab Nidation, Ehrenschutz auch nach Tod.

b) Jedermann- und Deutschengrundrechte sind zu unterscheiden.
Ausländer können sich nicht auf Deutschengrundrechte berufen, aber auf Art. 2 I.
EU-Bürger können sich dagegen auf Deutschengrundrechte berufen (str.).

c) Juristische Personen des Privatrechts (z.B. GmbH, AG).
Wenn das Grundrecht seinem Wesen nach auf diese anwendbar ist, Art. 19 III.

d) Juristische Personen des Öffentlichen Rechts (z.B. Gemeinden, Universität). Wenn das Grundrecht seinem Wesen nach auf diese anwendbar ist, Art. 19 III. Grundsätzlich nur bei Verfahrensgrundrechten.
Ausnahmen: Rundfunkanstalten für Art. 5 I 2, Universitäten und Fakultäten für Art. 5 III 1, Religionsgemeinschaften und Kirchen für Art. 4 I, 140.

3. Prozessfähigkeit

Fähigkeit, die Grundrechte prozessual geltend machen zu können = jeder, der geschäftsfähig ist; bei Minderjährigen nach „Grundrechtsmündigkeit".
Entscheidend ist nach hM die individuelle Einsichts- und Entscheidungsfähigkeit.
Beachte zur Religionsfreiheit: Altersgrenzen von 12 und 14 Jahren im RelKErzG.

4. Beschwerdegegenstand (§ 90 I BVerfGG)

Beschwerdegegenstand ist der Akt der öffentlichen Gewalt, gegen den sich der Beschwerdeführer wendet (Art. 93 I Nr. 4a, § 90 I BVerfGG). „Öffentliche Gewalt" können Handlungen, Duldungen und Unterlassungen von Exekutive, Legislative und Judikative sein. Bei mehreren Akten zur gleichen Sache (z.B. Verwaltungsakt, Urteile) werden *gleichzeitig* alle Akte angegriffen.

5. Beschwerdebefugnis (ungeschriebene Zulässigkeitsvoraussetzung)

a) Möglichkeit der Grundrechtsverletzung

Die geltend gemachte Grundrechtsverletzung darf nicht von vornherein ausgeschlossen sein.

b) Eigene, unmittelbare und gegenwärtige Beschwer

 Eigen: Nur bei eigener Beschwer, keine Popularklage für andere.

 Unmittelbar: Der angegriffene Akt muss ohne weiteren Zwischenakt, etwa einen Verwaltungsakt, in den Rechtskreis des Beschwerdeführers eingreifen. Ausnahme: Bei Gesetz kann nicht auf einen Vollzug gewartet werden, wenn dem Beschwerdeführer strafrechtliche Sanktionen drohen.

 Gegenwärtig: Der Eingriff muss zur Zeit stattfinden oder kurz bevorstehen. Keine präventive Verfassungsbeschwerde für erwartete künftige Eingriffe, außer wenn ein erwartetes Gesetz bereits jetzt zu nicht mehr korrigierbaren Entscheidungen, z.B. zu finanziellen oder beruflichen Dispositionen, zwingt.

c) Zur Beschwerdebefugnis in Drittwirkungsfällen siehe Seite 12.

d) Bei einer Verfassungsbeschwerde gegen ein Urteil liegt Beschwerdebefugnis nur vor, wenn der Kläger geltend macht, dass spezifisches Verfassungsrecht verletzt wurde. Dies ist der Fall, wenn

 die Entscheidung auf einer verfassungswidrigen Norm beruht

 Prozessgrundrechte missachtet wurden

 das Gericht die Einstrahlungswirkung von speziellen Grundrechten verkannt oder eine Abwägung falsch vorgenommen hat. Beschwerdebefugnis liegt nicht vor, wenn der Kläger einfach nur mit dem Urteil unzufrieden ist und darin einen Eingriff in Art. 2 I sieht. Das Bundesverfassungsgericht ist keine Superrevisionsinstanz.

6. Erschöpfung des Rechtsweges (§ 90 II BVerfGG)

Die Verfassungsbeschwerde ist subsidiär, das heißt, der Beschwerdeführer muss erst alle möglichen Gerichtsinstanzen durchlaufen haben (§ 90 II BVerfGG; z.B. Anfechtung eines Verwaltungsaktes zuerst vor dem Verwaltungsgericht, OVG, BVerwG).

Ausnahmen: Nicht erforderlich bei Beschwerden gegen ein Gesetz, da es hier keinen Rechtsweg gibt. Ebenso nicht erforderlich bei „allgemeiner Bedeutung" (§ 90 II 2 BVerfGG).

7. Subsidiarität (nur bei Beschwerde gegen Gesetz)

Beschwerdeführer muss alles Zumutbare unternehmen, d.h. den auf Gesetz beruhenden Verwaltungsakt abwarten und gegen diesen vorgehen. Ausnahme: Gesetzen, die bei Verstößen ein Bußgeld oder eine Strafe vorsehen, da ein Abwarten dort unzumutbar ist.

8. Rechtsschutzbedürfnis

Es gibt keinen einfacheren oder billigeren Weg, das Ziel zu erreichen.
In der Regel liegt ein Rechtsschutzbedürfnis vor!

9. Form und Frist (§§ 23 I, 92, 93 BVerfGG)

Die Verfassungsbeschwerde muss schriftlich erhoben und begründet werden (§§ 23 I, 92 BVerfGG). Dabei ist das Recht, das verletzt sein soll, zu nennen.

Bei der Frist ist zu unterscheiden:

a) Bei Beschwerden gegen Gesetz oder Hoheitsakt, gegen den ein Rechtsweg nicht offensteht, ein Jahr nach Verkündung, § 93 III BVerfGG.

b) Bei Beschwerden gegen sonstige Hoheitsakte (z.B. letztinstanzliches Urteil, Verwaltungsakt) ein Monat nach Zustellung oder Mitteilung der Entscheidung, § 93 I 1 BVerfGG.

Für die Fristberechnung gelten §§ 187, 188 BGB.

Bundestagsabgeordnete, die die Verletzung ihres Status aus Art. 38 I 2 (freies Mandat) **geltend machen**, müssen im Organstreitverfahren Rechtsschutz suchen. Lediglich nach Ausscheiden aus dem Bundestag ist wegen der Folgerechte, z.B. Altersversorgung, die Verfassungsbeschwerde statthaft.

Verfassungsbeschwerde: Begründetheit

Die Verfassungsbeschwerde ist begründet, wenn der Beschwerdeführer durch den angegriffenen Akt der öffentlichen Gewalt in einem Grundrecht oder grundrechtsgleichen Recht verletzt ist. Ob diese Verletzung vorliegt, ist anhand der Grundrechtsprüfung festzustellen, siehe dazu **„Juristischer Grundkurs: Staatsrecht II“** von Dr. Jochen Zenthöfer (erschienen im Verlag H.P. Richter), Kapitel 3 und 6; sowie zur Übersicht folgende Seite.

Hinweis zu den Lösungen der Fälle: Bei Abwägungsentscheidungen ist meist auch eine andere Lösung vertretbar; es kommt auf die Argumentation an.

Verfassungsbeschwerde gegen Gesetz

I. Schutzbereich
eines Freiheitsgrundrechts eröffnet (sachlich und persönlich)

↓

II. Eingriff durch Gesetz liegt vor

↓

III. Verfassungsrechtliche Rechtfertigung
des Eingriffs durch Gesetz

↓

1. formelle Verfassungsmäßigkeit
(Kompetenz, Verfahren, Form)

2. materielle Verfassungsmäßigkeit

↓

a) **Schranken**:
Warum darf der Gesetzgeber überhaupt in ein Grundrecht eingreifen?

↓

Verfassungsunmittelbare Schranke	Einfacher Gesetzesvorbehalt (z.B. Art. 8 II)	Qualifizierter Gesetzesvorbehalt (z.B. Art. 5 II Var.1)	Vorbehaltloses Grundrecht (z.B. Art. 4 I, 5 III)

↓

b) **Schranken-Schranke:**
Wie weit darf der Gesetzgeber überhaupt in ein Grundrecht

↓

1. **Verhältnismäßigkeit des Gesetzes**:
   a) Legitimer öffentlicher Zweck, und
   b) Geeignetheit, und
   c) Erforderlichkeit, und
   d) Angemessenheit (= „Verhältnismäßigkeit im engeren Sinne“)
2. **Bestimmungen des Art. 19**: Zitiergebot, Verbot des Einzelfallgesetzes, Wesensgehaltsgarantie
3. **Bestimmtheitsgrundsatz** (aus Rechtsstaatsprinzip)
4. Kein Verstoß gegen **europäisches Gemeinschaftsrecht**

Verfassungsbeschwerde gegen Urteil

I. Schutzbereich
eines Freiheitsgrundrechts
eröffnet (sachlich und persönlich)

↓

II. Eingriff durch letztinstanzliches
Urteil liegt vor

↓

III. Verfassungsrechtliche Rechtfertigung
des Eingriffs durch Urteil. Prüfungsmaßstab nur spezifisches
Verfassungsrecht:

- Entscheidung beruht auf verfassungswidriger Norm (dann: formelle und materielle Verfassungsmäßigkeit der Norm prüfen, s.o.)
- Prozessgrundrechte wurden missachtet
- Grundrecht wurde übersehen oder falsch abgewogen (insbes. Verhältnismäßigkeit prüfen, s.o.)

Fälle 1 und 2

Sachverhalt

In einem ordnungsgemäßen Gesetzgebungsverfahren wird das „Gesetz zur Neuregelung von Luftsicherheitsaufgaben – Luftsicherheitsgesetz – [LfShG]" erlassen. Das Gesetz dient nach seinem § 1 dem Schutz vor Angriffen auf die Sicherheit des Luftverkehrs, insbesondere vor Flugzeugentführungen, Sabotageakten und terroristischen Anschlägen.

§ 14 des Gesetzes enthält folgende Regelung:

„§ 14 Einsatzmaßnahmen, Anordnungsbefugnis

(1) Zur Verhinderung des Eintritts eines besonders schweren Unglücksfalles dürfen die Streitkräfte im Luftraum Luftfahrzeuge abdrängen, zur Landung zwingen, den Einsatz von Waffengewalt androhen oder Warnschüsse abgeben.

(2) Von mehreren möglichen Maßnahmen ist diejenige auszuwählen, die den Einzelnen und die Allgemeinheit voraussichtlich am wenigsten beeinträchtigt. Die Maßnahme darf nur so lange und so weit durchgeführt werden, wie ihr Zweck es erfordert. Sie darf nicht zu einem Nachteil führen, der zu dem erstrebten Erfolg erkennbar außer Verhältnis steht.

(3) Die unmittelbare Einwirkung mit Waffengewalt ist nur zulässig, wenn nach den Umständen davon auszugehen ist, dass das Luftfahrzeug gegen das Leben von Menschen eingesetzt werden soll, und sie das einzige Mittel zur Abwehr dieser gegenwärtigen Gefahr ist.

(4) Die Maßnahme nach Absatz 3 kann nur der Bundesminister der Verteidigung oder im Vertretungsfall das zu seiner Vertretung berechtigte Mitglied der Bundesregierung anordnen. […]"

Pilot P und der Pilotenverband e.V. (PV), vertreten durch V, fühlen sich durch die in § 14 III des Luftsicherheitsgesetzes eingeräumte Befugnis zur Einwirkung mit Waffengewalt in ihren Grundrechten verletzt.

Das Luftsicherheitsgesetz verstoße gegen ihre Grundrechte auf Menschenwürde und Leben gemäß Art. 1 I und 2 II GG. Es mache Piloten und Passagiere zum bloßen Objekt staatlichen Handelns. Wert und Erhaltung des Lebens würden in das Ermessen des Bundesministers der Verteidigung gestellt. Auch würde mit dem Besteigen des Flugzeugs keine Einwilligung in den Abschuss gegeben.

Fall 1: Der Pilotenverband, vertreten durch V, legt form- und fristgerecht Verfassungsbeschwerde ein. Mit Erfolg?

Fall 2: Wäre eine Verfassungsbeschwerde des P zulässig? Prüfen Sie unabhängig von Ihrer Lösung zu Frage 2, ob die Verfassungsbeschwerde des P begründet wäre!

Lösung:

Die Verfassungsbeschwerden von P und PV werden erfolgreich sein, wenn sie zulässig und begründet sind.

Fall 1: Verfassungsbeschwerde des PV, vertreten durch V:

I. Zulässigkeit

1. Statthaftigkeit / Rechtswegseröffnung

Zunächst müsste der Rechtsweg zum Bundesverfassungsgericht eröffnet sein. Nach Art. 93 I Nr. 4a GG i.V.m. § 13 Nr. 8a BVerfGG entscheidet das BVerfG über Verfassungsbeschwerden. Damit ist für die Verfassungsbeschwerde des PV der Rechtsweg zum BVerfG eröffnet.

2. Beschwerdefähigkeit

Der PV müsste auch beschwerdefähig bezüglich eines der von ihm geltend gemachten Grundrechte sein. Verfassungsbeschwerde einlegen kann jedermann, also zunächst jede natürliche Person. Fraglich ist, ob, wie hier der Pilotenverband als eingetragener Verein, auch juristische Personen Verfassungsbeschwerde einlegen können. **Nach Art. 19 III GG ist dies möglich für Grundrechte, die ihrem Wesen nach auf juristische Personen anwendbar sind.** Die vom PV geltend gemachten Grundrechte müssten also ihrem Wesen nach auf juristische Personen anwendbar sind. Der PV macht die Grundrechte auf Menschenwürde und Leben geltend. Beides sind **höchstpersönliche** Grundrechte. Ihr Bezugsobjekt sind Elemente, die ausschließlich Menschen zu Eigen sind. Juristische Personen haben weder Leben noch Menschenwürde. Diese Grundrechte sind ihrem Wesen nach somit nicht auf juristische Personen anwendbar. Der PV ist bezüglich dieser Grundrechte nicht beschwerdefähig.

II. Ergebnis

Die Verfassungsbeschwerde des PV ist mangels Beschwerdefähigkeit schon nicht zulässig. Sie wird daher scheitern.

Fall 2: Verfassungsbeschwerde des P: Zulässigkeit

1. Statthaftigkeit / Rechtswegseröffnung

Zunächst müsste der Rechtsweg zum Bundesverfassungsgericht eröffnet sein.
Nach Art. 93 I Nr. 4a GG i.V.m. § 13 Nr. 8a BVerfGG entscheidet das BVerfG über Verfassungsbeschwerden. Damit ist für die Verfassungsbeschwerde des P der Rechtsweg zum BVerfG eröffnet.

2. Beschwerdefähigkeit

P müsste auch beschwerdefähig sein. Verfassungsbeschwerde einlegen kann jedermann, also jede natürliche Person (§ 90 I BVerfG). P ist als natürliche Person daher beschwerdefähig.

3. Beschwerdegegenstand

Die Verfassungsbeschwerde des P müsste sich gegen einen tauglichen Beschwerdegegenstand richten. Nach § 90 I BVerfGG ist dies jeder Akt der inländischen öffentlichen Gewalt, also etwa jedes Gesetz, Urteil oder Verwaltungsakt. Die Verfassungsbeschwerde des P richtet sich gegen ein Gesetz. Ein tauglicher Beschwerdegegenstand liegt daher vor.

4. Beschwerdebefugnis

P müsste auch beschwerdebefugt sein. Beschwerdebefugt ist, wer geltend macht, in einem seiner Grundrechte selbst, gegenwärtig und unmittelbar verletzt zu sein und auch die Möglichkeit einer Verletzung dieser Grundrechte besteht.

P macht geltend, in seinen Grundrechten auf Leben und Menschenwürde verletzt zu sein. Die **Möglichkeit einer Grundrechtsverletzung** besteht, wenn nicht von vornherein ausgeschlossen ist, dass der in Rede stehende Akt den Beschwerdeführer in seinen Grundrechten verletzen kann. Da P Pilot ist und das von ihm angegriffene Gesetz den Abschuss von Luftfahrzeugen zulässt, dessen Insasse auch P sein kann, ist **nicht von vornherein ausgeschlossen**, dass P durch das Gesetz in seinen Grundrechten auf Leben und Menschenwürde verletzt wird.

Die vorgebrachte Beschwer müsste P auch selbst, gegenwärtig und unmittelbar belasten. Da P Pilot ist und als solcher Opfer eines Abschusses werden könnte, ist er selbst betroffen.

Gegenwärtig ist die Betroffenheit, wenn sie unmittelbar bevorsteht oder noch andauert. Da das Gesetz bereits in Kraft getreten ist, könnte bereits eine gegenwärtige Betroffenheit vorliegen. Allerdings wurde durch das Gesetz zunächst nur die abstrakte Gefahr geschaffen, dass P mit den in dem Gesetz vorgesehenen Maßnahmen zukünftig konfrontiert werden könnte. Gleiches gilt für die **Unmittelbarkeit**. Durch ein Gesetz unmittelbar betroffen ist jemand nur, wenn das Gesetz zur Anwendung **keines Umsetzungs- und Konkretisierungsaktes** bedarf. Das LfShG und insbesondere dessen § 14 III bedürfen jedoch, bevor die Abschussmaßnahmen, gegen die P sich hier wendet, getroffen werden können, einer ausdrücklichen Anordnung des Bundesministers der Verteidigung oder eines von ihm ermächtigten Mitglieds der Bundesregierung (vgl. § 14 IV LfShG). Danach wäre P grundsätzlich die Beschwerdebefugnis mangels Gegenwärtigkeit und Unmittelbarkeit abzusprechen.

Ausnahmen vom strikten Festhalten an diesen Voraussetzungen sind jedoch dann zu machen, wenn die durch den **Konkretisierungsakt herbeigeführten Folgen** im Einzelfall so massiv oder unwiderruflich wären, dass es dem Einzelnen nicht zuzumuten ist, mit der Verfassungsbeschwerde bis nach der Konkretisierungsmaßnahme zu warten.

Vorliegend wäre das nachträgliche Berufen auf die eigenen Grundrechte aufgrund des Abschusses **völlig ausgeschlossen.** Dem Beschwerdeführer wäre damit jeder verfassungsrechtliche Rechtsschutz genommen, würde die Zulässigkeit an dieser Voraussetzung scheitern. Aus diesem Grunde ist vorliegend auf das Festhalten an den Voraussetzungen der Gegenwärtigkeit und Unmittelbarkeit zu verzichten und P als beschwerdebefugt anzusehen.

5. Form & Frist

P hat seine Verfassungsbeschwerde form- und fristgerecht eingelegt.

6. Rechtswegserschöpfung

Nach § 90 II BVerfGG ist vor dem Einlegen einer Verfassungsbeschwerde zunächst der normale Rechtsweg zu erschöpfen. Da in Deutschland gegen Gesetze ein Rechtsweg nicht gegeben ist, war vorliegend keine Rechtswegerschöpfung erforderlich.

7. Subsidiarität

P ist nicht zumutbar, die Maßnahmen abzuwarten, die aufgrund des LfShG getroffen werden können (z.B. Abschuss des Flugzeugs).

Nach alledem ist die Verfassungsbeschwerde des P zulässig.

Verfassungsbeschwerde des P: Begründetheit

Sie ist auch begründet, wenn P tatsächlich in seinen Grundrechten verletzt ist.

I. Verletzung des Art. 2 II 1 GG

P könnte durch das LfShG in seinem Grundrecht auf Leben aus Art. 2 II 1 Var. 1 GG verletzt sein.

1. Schutzbereich
Der Schutzbereich des Art. 2 II 1 Var. 1 müsste eröffnet sein. Persönlich schützt das Grundrecht auf Leben jedermann, also auch P.
Sachlich schützt das Grundrecht auf Leben **die biologisch-physische Existenz jedes Menschen** vom Zeitpunkt ihres Entstehens bis zum Eintritt des Todes, **unabhängig von den Lebensumständen** des Einzelnen und seiner körperlichen und seelischen Befindlichkeit. Durch die im LfShG enthaltenen Maßnahmen wird der Schutzbereich der biologisch-physischen Existenz betroffen. Folglich ist der Schutzbereich eröffnet.

2. Eingriff
In den Schutzbereich müsste eingegriffen worden sein. Ein Eingriff ist jeder Akt öffentlicher Gewalt, welcher dem Einzelnen ein Verhalten, das in den Schutzbereich eines Grundrechts fällt, erschwert oder unmöglich macht. Vorliegend ermöglicht das angegriffene Gesetz, dass Flugzeuge abgeschossen und damit Menschen getötet werden.

3. Verfassungsrechtliche Rechtfertigung
Der Eingriff in den Schutzbereich könnte verfassungsrechtlich gerechtfertigt sein. In das Grundrecht auf Leben kann auf Grund eines Gesetzes eingegriffen werden. Art. 2 II 3 GG enthält nach dem Wortlaut einen einfachen Gesetzesvorbehalt. Bezüglich des Grundrechtes auf Leben verlangt das BVerfG jedoch gemäß seiner Wesentlichkeitstheorie, dass Einschränkungen nur auf Grund eines Parlamentsgesetzes erfolgen können. Es handelt sich somit um einen **einfachen Gesetzesvorbehalt**.

Vorliegende Konkretisierung dieser Schranke ist das Luftsicherheitsgesetz und insbesondere dessen § 14 III. Als Parlamentsgesetz ist es mögliche Schrankenkonkretisierung.

Fraglich ist, ob es sich bei § 14 III LfShG auch um eine verfassungsmäßige **Konkretisierung der Schranke des Art. 2 II 3 GG** handelt.

Dazu müsste das LfShG formell und materiell verfassungsmäßig sein.

a) Formelle Verfassungsmäßigkeit:
Das LfShG wurde in einem ordentlichen Gesetzgebungsverfahren erlassen und ist daher formell verfassungsgemäß.[1]

---

[1] Hinweis: Im realen Fall scheiterte § 14 III LfShG schon an der fehlenden Regelungskompetenz des Bundes gemäß Art. 35 GG – nachzulesen im BVerfG-Urteil Rand-Nrn. 86 f.

b) Materielle Verfassungsmäßigkeit:

Das Gesetz müsste auch materiell verfassungsmäßig sein. Zu beleuchten sind vorliegend insbesondere mögliche Verstöße gegen das Zitiergebot, den Bestimmtheitsgrundsatz sowie den Grundsatz der Verhältnismäßigkeit.

aa) Bestimmtheitsgrundsatz

Weitere materielle Anforderung an grundrechtsbeschränkende Rechtsnormen ist deren ausreichende Bestimmtheit. Dies meint, dass die einschränkende Norm ausreichend präzise formuliert ist, um eine sichere Anwendung zu gewährleisten und Rechtssicherheit zu garantieren.

Die Verfassungsbeschwerde des P richtet sich insbesondere gegen § 14 III des LfShG. Dieser enthält jedoch **eine hinreichende Konkretisierung des „besonders schweren Unglücksfalles**", § 14 I LfShG. Es wurde festgelegt, dass „nach den Umständen davon auszugehen sein muss, dass das Luftfahrzeug gegen das Leben von Menschen eingesetzt werden soll". Der „besonders schwere Unglücksfalls" kann nicht konkreter bestimmt werden, da eine Vielzahl verschiedenartiger Fälle vorstellbar ist. Dass das Grundgesetz die Formulierung grundsätzlich zulässt, ergibt sich aus Art. 35 II GG. Damit ist der Bestimmtheitsgrundsatz eingehalten.

bb) Verhältnismäßigkeit

Fraglich bleibt letztlich, ob § 14 III LfShG auch verhältnismäßig ist.

Ein Eingriff ist verhältnismäßig, wenn mit § 14 III LfShG ein legitimer Zweck verfolgt wird, und die erlaubten Mittel zur Erreichung dieses Zwecks geeignet, erforderlich und angemessen sind.

(1) Legitimer Zweck

Das LfShG und insbesondere § 14 III LfShG soll verhindern, dass Flugzeuge, die als Waffen missbraucht werden, Menschen töten. Der Schutz von Menschenleben ist generell legitimer Zweck jeglicher Gesetzgebung.

(2) Geeignetheit

Die Maßnahmen des § 14 III LfShG müssten zur Erreichung des mit ihm verfolgten Zwecks auch geeignet sein. Geeignet ist eine Maßnahme, die den Zweck zumindest fördert. Ein entführtes Flugzeug, welches möglicherweise durch einen herbeigeführten Absturz hohen Schaden anrichten wird, wird dieses Ziel unmöglich gemacht durch einen vorherigen Abschuss. Die Maßnahme ist also geeignet.

---

und 105 – AZ. 1 BvR 357/05 v. 15.02.2006 / diese Problematik wurde hier jedoch bewusst ausgeklammert.

(3) Erforderlichkeit

Die Maßnahme müsste auch erforderlich sein. Erforderlich ist sie, wenn es kein milderes, gleich geeignetes Mittel gibt. Das mildeste Mittel ist also jenes, mit welchem der Zweck bestmöglich bei geringster Eingriffsintensität erreicht wird. Die Eingriffsintensität des Abschusses und dem damit einhergehenden Tod der Passagiere ist sehr hoch. Fraglich ist somit, ob es ein Mittel gibt, **mit dem der Zweck gleich gut aber mit geringerer Eingriffsintensität erreicht werden kann**. In Frage kommen hier zum Beispiel wesentlich verstärkte Kontrollen an Flughäfen. Diese bekämpfen die Gefahr durch ein entführtes Luftfahrzeug jedoch nicht nach dessen Entstehen, sondern wirken präventiv. Sie stellen somit eine **andere Qualität** der Schutzmaßnahme dar. Zu suchen ist nach Möglichkeiten, die die Gefahr einer Luftfahrzeugentführung nach deren Entstehung genau so gut beenden wie ein Abschuss. Hierbei könnte man daran denken, das entführte Luftfahrzeug fernzulenken und es so der Kontrolle der Entführer zu entziehen. Damit würde das Gefahrenpotential völlig entschärft. Solche Techniken sind jedoch bisher nicht entwickelt worden. Danach ist der Abschuss zurzeit noch erforderlich, da es das einzige Mittel ist, welches den verfolgten Zweck so sicher erreicht.

(4) Angemessenheit

Die Maßnahme müsste auch angemessen sein. Angemessen ist eine Maßnahme, wenn nach Abwägung des Interesses der durch das Luftfahrzeug gefährdeten Menschen mit dem Interesse am Überleben der im Luftfahrzeug geopferten unschuldigen Menschen **das Interesse der Außenstehenden überwiegt** und die Maßnahme den unschuldigen Luftfahrzeuginsassen somit **zumutbar** wäre.
Dies erscheint höchst fraglich, liefe doch diese Abwägung auf eine unzulässige Abwägung von „**Leben gegen Leben**" hinaus. Eine solche Abwägung ist nach der verfassungsmäßigen Ordnung des Grundgesetzes, nach der jedem Leben in jeder Situation der gleiche Wert zukommt, **nicht zulässig**, bzw. die Abwägung müsste immer auf ein Patt hinauslaufen. Ein Abschuss wäre somit nicht zulässig.

Dagegen kann eingewendet werden, dass die Passagiere des Luftfahrzeugs sicher dem Tode geweiht sind und in der Gleichung daher eine Konstante darstellen, die weggekürzt werden kann – womit nur noch die außerhalb des Luftfahrzeugs gefährdeten Menschen in der Gleichung auftauchten und ein Abschuss somit zumutbar würde.

Dieses Argument greift jedoch **zu kurz**. Zum einen verstößt es gegen das Verbot der Heranziehungen hypothetischer Kausalverläufe. Die mit an Sicherheit grenzende Wahrscheinlichkeit des sicheren Todes stellt keinen Grund dar, den Tod schon als gegeben anzunehmen. Darüber hinaus würde ein Flugzeug nach dem LfShG abgeschossen, bevor es Schaden anrichten könnte. In jedem Fall würde das Leben der Insassen damit durch den Abschuss **verkürzt**, auch wenn der Tod ohnehin später eingetreten wäre. **Bereits eine Verkürzung des Lebens von zum Tode geweihten Menschen ist nicht zulässig**, da jedes Menschenleben gleich viel wert ist. Zu beachten ist ferner, dass die vom Verteidigungsminister vorzunehmende Prognose, so gewissenhaft sie auch vorgenommen wird, bereits im Zeitpunkt der Prognoseabgabe nicht zutreffend sein muss, weil die Entführer vielleicht tatsächlich gar keinen Absturz planen. Schließlich ist auch möglich, dass sich die Situation nach einer ursprünglich zutreffenden Prognose des sicheren Todes der Insassen ändert. Möglich ist nämlich, dass sich die Entführer besinnen und vor Reue oder Skrupel von ihrer Tat ablassen.

Auch könnte es den Insassen gelingen, die Täter zu überwältigen und die Gefahr so noch abzuwenden. All dies zeigt, dass das Leben der Insassen zu keinem Zeitpunkt sicher als verloren angesehen werden kann. Dies führt jedoch dazu, dass, ohne eine **unzulässige Abwägung von Leben gegen Leben** vorzunehmen, die Zumutbarkeit eines Abschusses nicht begründet werden kann.
Des Weiteren ist das Argument des P zu berücksichtigen, dass mit dem Besteigen des Luftfahrzeugs keine Einwilligung in den Abschuss im Ernstfall gegeben wird. Zwar ist das Grundrecht auf Leben grundsätzlich dispositiv und eine Einwilligung in den Abschuss möglich. Deren konkludente Abgabe kann jedoch mit dem Einstieg in ein Flugzeug nicht angenommen werden.

Schließlich wäre noch möglich, § 14 III LfShG mit der **Schutzpflicht** des Staates gegenüber denjenigen zu rechtfertigen, gegen deren Leben das als Tatwaffe missbrauchte Luftfahrzeug eingesetzt werden soll. Zwar kommen dem Staat, insbesondere mit Hinblick auf das Grundrecht auf Leben solche Schutzpflichten zu. Diese Argumentation lässt jedoch außer Betracht, dass auch die in dem Luftfahrzeug festgehaltenen Opfer eines Angriffs Anspruch auf den gleichen staatlichen Schutz ihres Lebens haben.

Nach alledem ist die Regelung des § 14 III LfShG nicht angemessen.
Zu betonen ist dabei, dass diese Feststellung lediglich für an Bord des Luftfahrzeugs befindliche unschuldige Menschen gilt. Befinden sich nur Täter an Bord, greifen die vorgebrachten Bedenken nicht ein. Ihr Leben ist der Abwägung zugänglich, da sie sich wissent- und willentlich gegen die Rechtsordnung gestellt haben und sich daher im Moment der Abwägung nicht mehr auf ihre Vorzüge berufen können.

§ 14 III LfShG verstößt gegen das Grundrecht auf Leben aus Art. 2 II 1 Alt. 1 GG.

II. Art. 1 I GG

P könnte durch das LfShG auch in seinem Grundrecht auf Menschenwürde aus Art. 1 I GG verletzt sein.

1. Schutzbereich

Persönlich schützt das Grundrecht auf Menschenwürde jedermann, also auch P. Sachlich schützt das Grundrecht auf Leben die Würde des Menschen, also jenen Eigenwert, welcher jedem Menschen kraft seiner Geburt zukommt. Durch die im LfShG enthaltenen Maßnahmen wird der Eigenwert der menschlichen Existenz betroffen. Folglich ist der Schutzbereich eröffnet.

2. Eingriff

In den Schutzbereich müsste eingegriffen worden sein. Ein Eingriff ist jeder Akt öffentlicher Gewalt, welcher dem Einzelnen ein Verhalten, das in den Schutzbereich eines Grundrechts fällt, erschwert oder unmöglich macht. Konkretisierend liegt bei Art. 1 I GG insbesondere dann ein Eingriff vor, wenn der Einzelne zum bloßen Objekt staatlichen Handelns gemacht wird und seiner Menschlichkeit durch die staatliche Behandlung entledigt wird.

Vorliegend will der Staat nicht nur das Leben der unschuldigen Insassen opfern um das Leben der am Boden Gefährdeten zu erhalten. **Er bestimmt auch noch Art und Zeitpunkt des Lebensendes der Insassen**, während Art und Zeitpunkt des Lebensendes der außerhalb des Luftfahrzeugs befindlichen Personen von den Tätern bestimmt wird. Durch den Eingriff des Staates stellt sich der Staat somit über das Leben der unschuldigen Insassen und raubt den im Ernstfall zum Tode Geweihten damit noch die letzten Sekunden ihres Lebens und die grundgesetzlich garantierte Freiheit, mit diesem nach Belieben zu verfahren. Aus dem Inneren des Luftfahrzeugs können die Insassen den Zeitpunkt des Aufpralls am Boden, sollte ein solcher tatsächlich geplant sein, abschätzen und somit die letzten Sekunden noch genießen oder sich zumindest auf den Tod einstellen. Mit dem Abschuss würden diese Insassen nicht nur dieser letzten Sekunden beraubt, sondern auch der Freiheit, diese nach Belieben für den Abschied von der Welt oder wofür auch immer zu nutzen, also der Möglichkeit in Würde zu sterben und sich auf den Tod vorzubereiten. Denn der Tod durch die sie abschießende Rakete käme überraschend und unvorhersehbar.

Dadurch wird der Einzelne **entrechtet**, **entwürdigt** und **zum Objekt des Staates** und seiner Entscheidung.

Dies stellt einen Eingriff in das Grundrecht auf Menschenwürde dar.

Da Art. 1 I GG schrankenlos gewährt wird, stellt jeder Eingriff auch gleichzeitig eine Verletzung dar. § 14 III LfShG verstößt damit auch gegen das Grundrecht auf Menschenwürde aus Art. 1 I GG.

Ergebnis: § 14 III des LfShG verstößt gegen Art. 2 II 1 Alt. 1 und Art. 1 I GG und ist damit keine verfassungskonforme Konkretisierung der Schranke aus Art. 2 II 3 GG. Die zulässige Verfassungsbeschwerde des P ist auch begründet. Sie wird Erfolg haben[2,3].

---

2 Zwar sehen es viele Prüfer gerne, wenn die Prüfung zweier Grundrechte, wie in der Grundlösung oben, auch getrennt vorgenommen wird. Gerade unter dem Zeitdruck einer Klausur gestaltet sich dies in einem Fall wie dem vorliegenden als sehr schwierig, wenn die vorzubringenden Argumente nahezu dieselben sind. Daher bietet es sich deshalb, aber auch weil das Grundrecht aus Art. 1 als Grundwert der Verfassung tatsächlich auf alle anderen Grundrechte, insbesondere auf das Grundrecht auf Leben ausstrahlt, an, in der Verhältnismäßigkeitsprüfung von Art. 2 II 1 Var. 2 den Art. 1 I GG einfließen zu lassen. Auch das BVerfG verfährt in solchen Fällen nach diesem Muster.

3 Hinzuweisen ist auch darauf, dass es Prüfer gibt, die es gerne sehen, wenn Art. 1 vor Art. 2 geprüft wird. Dies ist jedoch wohl erstens eine eher selten vertretene Auffassung, die zweitens auch aus verfassungssystematischen Gründen nicht einleuchtet. Wenn Art. 1 I als eigenes Grundrecht gesehen wird, leuchtet es nicht ein, warum es als Grundwert der Verfassung nicht wie ein Auffangtatbestand und subsidiäres Grundrecht behandelt werden und also zum Schluss geprüft werden sollte, vergleichbar mit der allgemeinen Handlungsfreiheit.

Fall 3

Sachverhalt

A verfolgt die Geschäftsidee, mittels eines Hubschraubers Luftbilder von auf Mallorca gelegenen Wohnhäusern prominenter Personen zu fertigen und diese dann an die Boulevardpresse zu verkaufen. In dieser Weise entsteht ein Bild des von außen blickdichten und völlig abgeschotteten Anwesens des Prominenten P (der keine Interviews gibt und äußerst kamerascheu ist), das später in der Zeitschrift BUNTE unter Nennung des Namens von P abgebildet wurde. P klagt gegen A auf Unterlassung einer Verbreitung von Luftbildern seines Anwesens unter Beifügung seines Namens. Das Landgericht weist die Klage ab und das Oberlandesgericht bestätigt dieses Urteil. Auch in der Revisionsinstanz vor dem BGH unterliegt P. P ist der Auffassung, dass ihn diese Entscheidung in seinen Grundrechten verletze und erhebt Verfassungsbeschwerde. Ist diese Verfassungsbeschwerde begründet?

Lösung:

Die Verfassungsbeschwerde ist begründet, wenn P durch das Urteil in seinen Grundrechten verletzt ist. Das Bundesverfassungsgericht ist keine Superrevisionsinstanz. Es prüft nur die Verletzung spezifischen Verfassungsrechts, d.h. ob die Entscheidung auf einer verfassungswidrigen Norm beruht, ob Prozessgrundrechte missachtet wurden oder ob Grundrechte übersehen oder ihre Gewichtung fehlerhaft vorgenommen wurde.

In Betracht kommt ein Eingriff in das Grundrecht des allgemeinen Persönlichkeitsrechts nach Art. 1, 2 I GG.

1. Schutzbereich

Dazu müsste zunächst der Schutzbereich dieses Grundrechts eröffnet sein. Der Inhalt des allgemeinen Persönlichkeitsrechts ist nicht allgemein und abschließend umschrieben. Es wurde von der Rechtsprechung entwickelt. Zu den anerkannten Inhalten gehören das Verfügungsrecht über die Darstellung der eigenen Person, die soziale Anerkennung sowie die persönliche Ehre. Das allgemeine Persönlichkeitsrecht schützt die Person etwa vor Darstellungen, die von **nicht ganz unerheblicher Bedeutung für die Persönlichkeitsentfaltung** sind. Das Persönlichkeitsrecht schützt also die Sozialsphäre, die Privatsphäre und die Intimsphäre. Der geschützte häusliche Bereich umfasst alle Grundstücksteile, die den räumlich-gegenständlichen Lebensmittelpunkt einer Person insgesamt ausmachen, sofern und soweit diese Bereiche üblicherweise oder durch bauliche oder landschaftliche Gegebenheiten von der Einsichtnahme durch Dritte ausgeschlossen sind. Der Schutz des Persönlichkeitsrechts erstreckt sich auch auf die Veröffentlichung von Abbildungen,

die Einblick in die räumliche Privatsphäre als einem von öffentlicher Kontrolle und Beobachtung freien Rückzugsbereich ermöglichen.
Der Schutzbereich ist damit eröffnet.

2. Eingriff

Es müsste ein Eingriff in den Schutzbereich vorliegen. Ein Eingriff in den Schutzbereich ist jede hoheitliche Maßnahme, die ein Verhalten, das in den Schutzbereich fällt, unmöglich macht oder verkürzt. Durch das Urteil muss P weiterhin dulden, dass Fotos seines Anwesens veröffentlicht werden. Damit liegt ein Eingriff in den Schutzbereich vor.

3. Verfassungsrechtliche Rechtfertigung

Der Eingriff könnte gerechtfertigt sein. Dazu muss ein legitimer Zweck vorliegen und die Maßnahme geeignet, erforderlich und angemessen sein. Dabei ist bei einer Rechtfertigung von Eingriffen in das allgemeine Persönlichkeitsrecht die **so genannte Sphärentheorie** zu beachten. Danach wird unterschieden, ob ein Eingriff in die **Intimsphäre** oder nur ein Eingriff in die **Privatsphäre** vorliegt. Während Eingriffe in die Intimsphäre nicht gerechtfertigt werden können, ist der Eingriff in die Privatsphäre einer Verhältnismäßigkeitsprüfung zugänglich. Vorliegend ist mit den Überflugbildern nicht der Intimbereich betroffen, sondern nur die Privatsphäre. Folglich ist weiter zu prüfen, ob der Eingriff verhältnismäßig war.

a) Legitimer Zweck, Geeignetheit und Erforderlichkeit

Der legitime Zweck der staatlichen Maßnahme besteht im Schutz der Pressefreiheit. Das Urteil ist zur Verfolgung des Zwecks auch geeignet. Die Maßnahme müsste erforderlich, also bei gleicher Eingriffsintensität das mildeste Mittel zur Erreichung des Zwecks gewesen sein. Es gibt keine Möglichkeit, Luftbilder von Anwesen Prominenter zu veröffentlichen, wenn die Aufnahmen verboten werden können. Daher war der Eingriff erforderlich.

b) Angemessenheit

Die Maßnahme muss ferner angemessen sein. Im Rahmen der Prüfung der Angemessenheit muss eine **Abwägung** mit dem **Recht des A auf freie Berichterstattung (Art. 5 I 2 GG)** vorgenommen werden. Vom Schutz umfasst ist die Bereitstellung von Bildern zur Veröffentlichung in Medien anderer. Dass die Verbreitung der Bilder Unterhaltungszwecken dient, lässt sie nicht aus dem Schutzbereich des Art. 5 I 2 GG fallen. Allerdings ist der Unterhaltszweck im Rahmen der Abwägung schwächer zu gewichten als etwa der Zweck der Information über politische Ereignisse.

Der **Pressefreiheit** ist der Vorrang zu gewähren, wenn ein privates Anwesen für jedermann von öffentlich zugänglichen Stellen aus einsehbar ist. Dementsprechend zu verneinen ist eine Beeinträchtigung des Persönlichkeitsrechts, sofern die Abbildung des Anwesens nur das wiedergibt, was auch für den vor Ort anwesenden Betrachter ohne weiteres zu Tage liegt. Der vorliegende Fall liegt indes **anders**. Hier hatte P den betroffenen Grundstücksbereich von außen abgeschottet, er konnte die heimliche Erstellung der Luftbilder aber nicht verhindern. Eine Beeinträchtigung des Persönlichkeitsrechts liegt jedenfalls dann in der Verbreitung der Abbildungen, wenn zugleich - wie hier - die Identität des Bewohners offen gelegt wird.

Der Persönlichkeitsschutz müsste allerdings eventuell dann zurücktreten, wenn P seine Wohn- und Lebensverhältnisse durch eigene Veröffentlichungen einem breiten Publikum bekannt gemacht hätte. Dies ist vorliegend jedoch nicht geschehen, da P sehr kamerascheu ist und keine Interviews gibt.

Ergebnis: Das letztinstanzliche Urteil hat das Grundrecht des P nicht mit dem angemessenen Gewicht berücksichtigt. P ist damit in seinen Grundrechten verletzt und die Verfassungsbeschwerde ist damit begründet.

Fälle 4 und 5

Sachverhalt

Anlässlich der Geburt des japanischen Thronfolgers soll im Herbst 2009 in Tokio ein weltweites Treffen aller „Monarchieanhänger" unter dem Motto "Es lebe die Monarchie" stattfinden. An diesem Treffen plant auch der deutsche Verein "Wir wollen unseren alten Kaiser Wilhelm wieder haben e.V." teilzunehmen. Der Vorsitzende (V) hat seine kritische Meinung zur Demokratie als Staatsform auf Veranstaltungen und in der Presse bereits mehrfach öffentlich geäußert. Sein Verein hat sich zum Ziel gesetzt, für den Erhalt deutscher Tugenden und Traditionen aus der wilhelminischen Zeit und die Wiedereinführung der Monarchie leidenschaftlich zu kämpfen. V und die übrigen Vereinsmitglieder fordern daher die deutsche Bevölkerung auf, die Absetzung der Bundesregierung zu betreiben und erneut einen Kaiser an der Spitze des Landes zu etablieren. Seine Ideen und Forderungen will V auch in Japan als Redner vertreten.

Als V zum Zweck der Japanreise einen Reisepass beantragt, wird ihm die Ausstellung im April 2009 unter Hinweis auf § 7 I Nr. 1 PassG verweigert. Dagegen legt er erfolglos Widerspruch ein. Auch vor allen Instanzen der Verwaltungsgerichtsbarkeit wird V mit seinem Begehren auf Ausstellung eines Reisepasses abgewiesen. V fühlt sich in seinen Grundrechten verletzt und legt gegen das Urteil des Bundesverwaltungsgerichts im März 2013 fristgemäß Verfassungsbeschwerde ein.

Fall 4: Ist die Verfassungsbeschwerde zulässig?
Fall 5: Ist die Verfassungsbeschwerde begründet?

§ 7 I Nr. 1 PassG:
Der Pass ist zu versagen, wenn bestimmte Tatsachen die Annahme begründen, dass der Passbewerber
1. die innere oder äußere Sicherheit oder sonstige erhebliche Belange der Bundesrepublik Deutschland gefährdet; [...]

§ 7 II S. 1 PassG:
Von der Passversagung ist abzusehen, wenn sie unverhältnismäßig ist, insbesondere wenn es genügt, den Geltungsbereich oder die Gültigkeitsdauer des Passes zu beschränken.

Lösung Fall 4:

Die Verfassungsbeschwerde des V könnte zulässig sein.

1. Statthaftigkeit

Das Bundesverfassungsgericht ist nach Art. 93 I Nr. 4a GG i. V. m. §§ 13 Nr. 8a, 23, 90 ff. BVerfGG für Verfassungsbeschwerden zuständig.

2. Beschwerdefähigkeit

V müsste auch beschwerdefähig sein. Beschwerdefähig ist gemäß § 90 I BVerfGG "jedermann", d.h. jeder, der Träger von Grundrechten ist. V ist eine natürliche Person und deutscher Staatsangehöriger und somit Träger von Grundrechten. V ist damit unproblematisch beschwerdefähig.

3. Beschwerdegegenstand

Weiterhin müsste ein tauglicher Beschwerdegegenstand vorliegen. Beschwerdegegenstand kann jede Maßnahme der öffentlichen Gewalt sein, vgl. § 90 I BVerfGG. Darunter fallen Akte der vollziehenden Gewalt (Exekutive), der Rechtsprechung (Judikative) und der Gesetzgebung (Legislative). Vorliegend wendet sich V gegen das Urteil des Bundesverwaltungsgerichts, das ihm die Ausstellung eines Reisepasses endgültig versagt. Das Urteil ist damit tauglicher Beschwerdegegenstand.

> Anmerkung: Beschwerdegegenstand kann grundsätzlich auch das Urteil des VG oder des OVG sein; in der Klausur ist aber regelmäßig „nur" das Urteil des BVerwG als Beschwerdegegenstand zu nennen.

4. Beschwerdebefugnis

Fraglich ist, ob V auch beschwerdebefugt ist. Dazu müsste er gemäß § 90 I BVerfGG behaupten, durch das Urteil in einem seiner Grundrechte verletzt zu sein. Es muss dabei sachlich die Möglichkeit einer Rechtsverletzung bestehen, durch die er selbst, gegenwärtig und unmittelbar betroffen ist.

Vorliegend kommt möglicherweise eine Verletzung des Grundrechts auf Freizügigkeit, Art. 11 GG, und des Grundrechts auf allgemeine Handlungsfreiheit, Art. 2 I GG, in Betracht. V ist auch selbst, gegenwärtig und unmittelbar betroffen. Mithin ist V beschwerdebefugt.

5. Erschöpfung des Rechtswegs, § 90 II S. 1 BVerfGG

Nach dem Sachverhalt hat V den Rechtsweg ausgeschöpft, da er in letzter Instanz vor dem Bundesverwaltungsgericht mit seiner Klage abgewiesen worden ist.

6. Form und Frist, §§ 23 I, 92 und § 93 BVerfGG

Mangels gegenteiliger Angaben im Sachverhalt ist davon auszugehen, dass V bei Erhebung der Verfassungsbeschwerde die Vorschriften der §§ 23 I, 92 BVerfGG und die einmonatige Frist des § 93 I S.1 BVerfGG eingehalten hat.

Ergebnis: Die Verfassungsbeschwerde des V ist zulässig.

Lösung Fall 5: Begründetheit der Verfassungsbeschwerde

Gemäß Art. 93 I Nr. 4a GG ist die Verfassungsbeschwerde begründet, wenn die Entscheidung des Bundesverwaltungsgerichts den V in seinen Grundrechten verletzt. Das Bundesverfassungsgericht ist keine Superrevisionsinstanz. Es prüft nur die Verletzung spezifischen Verfassungsrechts, d.h. ob die Entscheidung auf einer verfassungswidrigen Norm beruht, ob Prozessgrundrechte missachtet wurden oder ob Grundrechte übersehen oder ihre Gewichtung fehlerhaft vorgenommen wurde.

1. Art. 11 I GG

In Betracht kommt zunächst eine Verletzung des Grundrechts auf Freizügigkeit aus Art. 11 I GG.

a) Schutzbereich

Seinem Wortlaut nach gewährleistet Art. 11 I GG die Freizügigkeit "im ganzen Bundesgebiet". Damit schützt Art. 11 I GG die Möglichkeit, an jedem Ort innerhalb des Bundesgebiets Aufenthalt und Wohnsitz zu nehmen.

Fraglich ist aber, ob auch die Ausreisefreiheit von Art. 11 I GG erfasst sein soll. Dem Wortlaut ist dies nicht zu entnehmen. Insbesondere die Einschränkungstatbestände des Art. 11 II GG beziehen sich lediglich auf die **Beschränkung der innerstaatlichen Freizügigkeit**, was gegen eine Berücksichtigung des Ausreisefreiheit durch den Verfassungsgeber spricht. Daher ist anzunehmen, dass die Ausreisefreiheit nicht von Art. 11 I GG umfasst ist.

Teilweise wird vertreten, dass die Ausreisefreiheit von Art. 11 GG geschützt werden müsse, da der Schutzzweck von Art. 11 GG ansonsten leer laufe. Begründet wird dies damit, dass andere europäische nationalstaatliche Verfassungen die Regelungen über die Freizügigkeit so ausgestaltet haben, dass auch die Ausreisefreiheit garantiert werde. Deutschland **würde durch eine Nichtberücksichtigung im Vergleich internationaler Menschenrechtsstandards zurückfallen**.

Dem ist aber der Wortlaut des Art. 11 I GG entgegenzuhalten. Im Übrigen kann der Verweis auf den Inhalt anderer europäischer Verfassungen auch schon deshalb nicht überzeugen, weil die Ausreisefreiheit nicht zwangsläufig schutzlos bleibt, nur weil sie nicht unter Art. 11 GG subsumiert wird.

Die Ausreisefreiheit aus der Bundesrepublik Deutschland fällt daher nicht in den Schutzbereich des Art. 11 I GG.

b) Das Grundrecht des V auf Freizügigkeit aus Art. 11 I GG ist daher nicht verletzt.

2. Art. 2 I GG

Die Ausreisefreiheit des V könnte aber durch Art. 2 I GG geschützt sein. Nach der Rechtsprechung des Bundesverfassungsgerichts ist die Handlungsfreiheit das „Haupt"- oder „Auffanggrundrecht", das immer dann seine Schutzwirkung entfaltet, wenn nicht der Schutzbereich eines anderen Freiheitsgrundrechts betroffen ist. Art. 2 I GG steht daher in der Prüfungsreihenfolge grundsätzlich hinter den übrigen Freiheitsrechten.

a) Schutzbereich

Sachlich gewährleistet Art. 2 I GG die freie Entfaltung der Persönlichkeit im Sinne jeglichen Tuns, Duldens und Unterlassens. Die **allgemeine Handlungsfreiheit** schützt also nicht nur einen bestimmten, begrenzten Lebensbereich, sondern jegliches menschliche Verhalten. Auch die Ausreise ist folglich als Handlung vom Schutzbereich des Art. 2 I GG erfasst. Der Schutzbereich ist damit eröffnet.

b) Eingriff

Weiterhin müsste ein Eingriff vorliegen. Eingriff ist jede hoheitliche Maßnahme, die dem einzelnen eine Handlung, die in den Schutzbereich fällt, erschwert oder verhindert.

Vorliegend ist V dadurch, dass ihm die Ausstellung eines Reisepasses letztinstanzlich verwehrt wurde, daran gehindert, nach Japan zu reisen. Die Verhinderung der Ausreise in Form des Urteils des Bundesverwaltungsgerichts stellt daher einen Eingriff in die allgemeine Handlungsfreiheit des V dar.

c) Verfassungsrechtliche Rechtfertigung

Der Eingriff könnte aber verfassungsrechtlich gerechtfertigt sein. Ein Eingriff in den Schutzbereich eines Grundrechts ist immer dann gerechtfertigt, wenn er von den Schranken desselben Grundrechts gedeckt ist. Das Grundrecht der allgemeinen Handlungsfreiheit ist innerhalb der **Schrankentrias** des Art. 2 I Hs. 2 GG gewährleistet. Folglich ist zu untersuchen, ob die von V begehrte Ausreise gegen die Vorgaben aus der Schranke verstößt. Vorliegend sind keine Rechte anderer ersichtlich, die einen Eingriff in die allgemeine Handlungsfreiheit des V rechtfertigen könnten. Ebenso wenig verstößt V mit einer Ausreise nach Japan gegen das Sittengesetz. Jedoch könnte die Ausreisefreiheit des V durch die verfassungsmäßige Ordnung in zulässiger Weise beschränkt sein.

Unter der verfassungsmäßigen Ordnung ist **die gesamte verfassungsmäßige Rechtsordnung zu verstehen**, also alle Normen, die formell und materiell verfassungsmäßig sind. Der Bürger kann folglich in seiner allgemeinen Handlungsfreiheit nicht nur durch die Verfassung eingeschränkt werden, sondern durch jedes formelle oder materielle Gesetz. Bei der verfassungsmäßigen Ordnung i.S.d. Art. 2 I GG handelt es sich also um einen einfachen Gesetzesvorbehalt.
Im vorliegenden Fall wurde dem V die Ausstellung eines Reisepasses verweigert. Dadurch wurde seine Ausreisefreiheit nach Japan auf der Grundlage von § 7 I Nr. 1 PassG beschränkt. Fraglich ist, ob diese Beschränkung zulässig ist. Dazu müsste § 7 I Nr. 1 PassG zur verfassungsmäßigen Ordnung gehören. Dies wiederum setzt voraus, dass die Norm formell und materiell verfassungsmäßig ist. Sollte dies der Fall sein, dann ist weiterhin zu prüfen, ob § 7 I Nr. 1 PassG „im Lichte" der allgemeinen Handlungsfreiheit angewandt worden ist.

aa) Formelle Verfassungsmäßigkeit der Ermächtigungsnorm
Das Passgesetz müsste formell verfassungsgemäß sein.

(1) Gesetzgebungskompetenz (Art. 70 ff. GG)
Grundsätzlich liegt gemäß Art. 30 I, Art. 70 I GG die Gesetzgebungskompetenz bei den Ländern. Der Bund hat deshalb nur dann Gesetzgebungskompetenz, wenn das GG sie ihm ausdrücklich verleiht. Vorliegend ergibt sich die Gesetzgebungskompetenz des Bundes für das Passwesen als ausschließliche Kompetenz aus Art. 73 Nr. 3 GG.

(2) Gesetzgebungsverfahren (Art. 76 ff. GG), Form (Art. 82 GG)
Mangels gegenteiliger Angaben im Sachverhalt kann davon ausgegangen werden, dass das Gesetzgebungsverfahren den Vorschriften der Art. 76 ff. GG entsprechend durchgeführt worden ist und auch den Erfordernissen des Art. 82 I S.1 GG an die Form entsprochen worden ist.

Gegen die formelle Verfassungsmäßigkeit des § 7 I Nr. 1 PassG bestehen daher keine Bedenken.

bb) Materielle Verfassungsmäßigkeit der Ermächtigungsnorm
Weiter müsste § 7 I Nr. 1 PassG als Ermächtigungsnorm für den Eingriff auch materiell verfassungsgemäß sein.

(1) Bestimmtheitsgebot
Das Bestimmtheitsgebot ist Ausfluss des dem Rechtsstaatsprinzip innewohnenden Gedanken, dass auch Ermächtigungen der Exekutive zur Vornahme belastender Verwaltungsakte durch das ermächtigende Gesetz nach Inhalt, Zweck und Ausmaß

hinreichend bestimmt und begrenzt sind, so dass die Eingriffe messbar und in gewissem Umfang für den Staatsbürger voraussehbar und berechenbar werden.

Vorliegend ist fraglich, ob die Formulierung „sonstiger erheblicher Belange" in § 7 I Nr. 1 PassG diesem Erfordernis gerecht wird. Man könnte einwenden, dass der Wortlaut inhaltlich so unbestimmt ist, dass die Entscheidung über eine Passversagung für den Bürger nicht voraussehbar ist.

Allerdings verlangt § 7 I Nr. 1 PassG, dass **bestimmte Tatsachen festgestellt** werden müssen, die die Annahme einer drohenden Gefährdung erheblicher Belange der Bundesrepublik rechtfertigen. Der Terminus „sonstige erhebliche Belange" ist ein unbestimmter Rechtsbegriff. Eine nähere Konkretisierung ist nicht möglich, da eine Vielzahl unterschiedlicher Fälle abgedeckt werden muss. § 7 I Nr. 1 PassG genügt daher dem Gebot der Bestimmtheit des Gesetzes.

(2) Grundsatz der Verhältnismäßigkeit

Weiterhin müsste § 7 I Nr. 1 PassG verhältnismäßig sein. Dazu ist erforderlich, dass die Voraussetzungen des § 7 I Nr. 1 PassG verhältnismäßig sind, denn nur dann kann die Passversagung im Einklang mit Art. 2 Abs.1 GG stehen.
§ 7 I Nr. 1 PassG soll verhindern, dass die innere oder äußere Sicherheit oder sonstige erhebliche Belange der Bundesrepublik durch die Ausreise von Personen gefährdet werden, die sich vom Ausland her gegen sie einsetzen wollen. Dies ist ein legitimer Zweck. Beispielsweise ermöglicht das Gesetz, die Ausreise potentieller Attentäter mit dem Ziel, ein Terroristentraining im Ausland zu absolvieren, zu verhindern. Diesbezüglich ist es auch geeignet, erforderlich und angemessen. Damit ist § 7 I Nr. 1 PassG formell und materiell verfassungsmäßig.

cc) Verfassungsgemäße Anwendung der Ermächtigungsnorm

Über die Verfassungsmäßigkeit der Norm hinaus muss das Gesetz auch von dem Gericht verhältnismäßig angewendet worden sein, d.h. das Gericht dürfte keine Grundrechte übersehen oder ihre Gewichtung falsch vorgenommen haben.

(1) Geeignetheit

Geeignet ist eine staatliche Maßnahme, wenn mit ihrer Hilfe das angestrebte Ziel gefördert werden kann. Hier wird V durch die Nichtausstellung eines Reisepasses an einer Reise nach Japan gehindert, um zu verhindern, dass V auf der Feier für den Thronfolger einen gegen die Bundesrepublik gerichteten Vortrag halten kann. Die Versagung des Reisepasses ist ein geeignetes Mittel, um V davon abzuhalten, durch einen solchen Vortrag das Ansehen der Bundesrepublik in der Weltöffentlichkeit zu gefährden.

(2) Erforderlichkeit

Ein Mittel ist erforderlich, wenn es kein milderes Mittel gibt, welches den gleichen Erfolg mit der gleichen Sicherheit und einem vergleichbaren Aufwand herbeiführen würde. Vorliegend ging es den Behörden darum, die Belange und das Ansehen der Bundesrepublik vor den Aktionen des V zu schützen. Dies hätte möglicherweise auch erreicht werden können, indem man den Geltungsbereich des von V beantragen Passes nach § 7 II PassG eingeschränkt hätte. Denkbar wäre hier eine Beschränkung auf Staaten gewesen, die keine Monarchie als Staatsform haben. Eine Entscheidung kann aber dahinstehen, wenn die Anwendung von § 7 I Nr. 1 PassG nicht angemessen war.

(3) Angemessenheit

Die Anwendung der Norm ist angemessen, wenn das durch die Anwendung verfolgte Ziel in seiner Wertigkeit nicht außer Verhältnis zur Intensität des Eingriffs steht. Mithin muss die Maßnahme auf ihre Zumutbarkeit hin überprüft werden.

Vorliegend ist fraglich, **ob die innere oder äußere Sicherheit der Bundesrepublik durch die befürchteten Aktionen des V überhaupt gefährdet ist**. V geht es vor allem darum, bei den Feierlichkeiten für den Thronfolger mit Gleichgesinnten aus aller Welt zu einem Gedankenaustausch zusammen zu treffen und nicht etwa darum, einen Angriffskrieg gegen die Bundesrepublik vorzubereiten. Eine tatsächliche Gefährdung der Bundesrepublik scheint daher **abwegig**. Möglicherweise sind aber „sonstige Belange" der Bundesrepublik nach § 7 I Nr. 1 PassG gefährdet. Als sonstiger Belang könnte das Ansehen der Bundesrepublik im Ausland angesehen werden.

Fraglich ist aber, ob das Ansehen die **Erheblichkeitsschwelle** des § 7 I Nr. 1 PassG überschreitet. Von „erheblich" im Sinne der Vorschrift kann aber wohl nur dann ausgegangen werden, wenn der sonstige Belang – hier das Ansehen der Bundesrepublik – der Staatssicherheit an Gewicht etwa gleichkommt. Hält man dies für gegeben, so ist eine Passversagung nur zu rechtfertigen, wenn der sonstige Belang im Fall einer Ausreise **in mehr als ganz geringfügigem Maße beeinträchtigt** zu werden droht. Es ist aber anzunehmen, dass V mangels Bekanntheit und medialen Interesses gar nicht die Möglichkeit hätte, dem Ansehen der Bundesrepublik zu schaden. Überdies wäre die von V ausgehende Gefahr eine, die Bagatellcharakter hat. Eine Gefahr i.S.d. § 7 I Nr. 1 PassG liegt somit nicht vor. § 7 PassG ist vielmehr in einer Weise unrichtig ausgelegt und angewandt worden, die dem Gewicht der Ausreisefreiheit nicht ansatzweise gerecht wird. Die Auslegung und Anwendung des Gesetzes verstößt daher gegen den Verhältnismäßigkeitsgrundsatz.

Ergebnis:
Die Ermächtigungsnorm des § 7 I Nr. 1 PassG ist zwar formell und materiell verfassungsgemäß und damit als Teil der verfassungsmäßigen Ordnung eine wirksame Schranke des Art. 2 I GG. Ihre Anwendung auf V ist jedoch verfassungswidrig. Damit ist V in seinem Grundrecht aus Art. 2 I GG verletzt. Seine Verfassungsbeschwerde ist daher zulässig und begründet und hat Erfolg.

Sachverhalt

Viele Jahre reisten mehrere zehntausend Spätaussiedler in die Bundesrepublik ein, um sich eine neue Zukunft aufzubauen. Die Neuankömmlinge zogen vorzugsweise zu ihren schon in Deutschland lebenden Verwandten, um in der neuen Heimat ein Mindestmaß an Anschluss zu haben. Dies führte dazu, dass sich in manchen Gemeinden Siedlungsschwerpunkte bildeten. In diesen Schwerpunkten stellen die Spätaussiedler bis zu 20 % der Einwohner.

Vor allem Sprachschwierigkeiten und Bildungsdefizite stellten die Ankommenden vor das Problem, keine Arbeitsplätze zu finden. Da die Spätaussiedler sozialhilfeberechtigt sind, stiegen in den Gemeinden mit Siedlungsschwerpunkten die Ausgaben für Soziallasten überproportional.

Im Rahmen des Einbürgerungsverfahrens mussten sich die ankommenden Spätaussiedler zunächst in einem sogenannten Grenzlager melden. Nach dem Durchlauf eines Prüfungsverfahrens wurde ihnen von dieser Verwaltungsbehörde ein Aufnahmebescheid erteilt, der ihnen der Status als deutscher Bundesbürger zuwies. Anschließend konnten sich die neuen Bundesbürger frei im Bundesgebiet bewegen.
Am 30.11.2006 beschloss der Bundestag das Soziallasten-Ausgleich-Gesetz (SAG), dass am 1.01.2007 in Kraft trat. Das Gesetz wurde geschaffen, um für die Aussiedler in der ersten Zeit nach ihrer Aufnahme in der Bundesrepublik zunächst die notwendige Fürsorge einschließlich vorläufiger Unterkunft zu gewährleisten. Außerdem sollten die Soziallasten gleichmäßiger auf die einzelnen Gemeinden und Bundesländer verteilt und die Bildung von Siedlungsschwerpunkten zur besseren Integration vermieden werden.

Nach § 5 SAG werden die neuangekommenen Spätaussiedler nach Erteilung des Aufnahmebescheides nach einem Berechnungsschlüssel auf die Bundesländer verteilt. § 10 SAG ermächtigt die Landesregierungen der Bundesländer zum Erlass einer Rechtsverordnung, in der jedem Land die Befugnis zur internen Verteilung der auf sie entfallenen Spätaussiedler auf die einzelnen Gemeinden zugewiesen wird. § 12 SAG ordnet an, dass jeder Spätaussiedler durch die Zuweisung gebunden ist, wenn er seinen Unterhalt nicht aus eigener Kraft erwirtschaften und seine Wohnung selbst finanzieren kann. Im Falle des Verstoßes bestimmt die Norm als Rechtsfolge, dass den Betroffenen ab dem Zeitpunkt des Verstoßes nur ein Anspruch auf Sozialhilfe in Höhe des nach den Umständen unabweisbar gebotenen Mindestumfangs zusteht. Alle darüber hinausgehenden Leistungen werden ausgeschlossen.

Die Landesregierung des Bundeslandes X erlässt am 15.12.2007, mit Wirkung vom 1.01.2008, eine auf § 10 SAG gestützte Rechtsverordnung (VO), worauf § 1 der VO auch hinweist. Nach dessen § 2 werden die auf das Land X entfallenen Spätaussiedler nach Einwohnerzahl auf die Kreise und Gemeinden des Landes verteilt.

A ist Spätaussiedler und reist am 31.3.2010 aus Russland in die Bundesrepublik Deutschland ein. In einem Grenzdurchgangslager wird ihm die deutsche Staatsangehörigkeit durch Aufnahmebescheid zuerkannt. Ein Großteil seiner schon früher ausgewanderten Familie ist in dem Ort C des Bundeslandes X ansässig. Seine Eltern und sein Bruder wohnen nun schon seit fünf Jahren in diesem Ort. Dorthin würde auch A am liebsten ziehen.

Nach Anwendung der Verordnung kommt eine Zuweisung an mehrere Gemeinden in Betracht. So könnten den Gemeinden B, C und D Aussiedler zugewiesen werden. Die zuständige Stelle weist A durch Bescheid vom 15.04.2010 der im Bundesland X gelegenen Gemeinde B zu, obwohl die Behörde Kenntnis von dem Wohnort der Familie des A und den verwandtschaftlichen Beziehungen hat. Im Bescheid heißt es insoweit lediglich, A sei volljährig und nicht mehr auf seine Familie angewiesen. Er könne diese ja an den Wochenenden besuchen. Der Beamte ging auch davon aus, dass eine Zuweisung an B die Integration des A besser fördern würde. Die Volkshochschule in diesem Ort ist bekannt dafür, dass sie besonders gute Deutschkurse anbietet.

B ist rund 100 km von C entfernt. A selbst spricht kaum Deutsch und hat auch keinen Beruf erlernt. Da er aus diesen Gründen keine Arbeit finden kann, gewährt ihm das Sozialamt Sozialhilfe.

Als A es im August 2010 nicht mehr aushält, zieht er zu seinen Angehörigen nach C. Die Gemeinde C verweigert A unter Hinweis auf das SAG und die entsprechende VO Sozialhilfeleistungen und setzt die Zahlungen durch einen formell ordnungsgemäß erlassenen Verwaltungsakt von 600 Euro auf 320 Euro herab.

A ist erbost und nimmt sich einen Rechtsanwalt. Er ist der Meinung, das SAG und die VO verletzten ihn in seinen grundrechtlich geschützten Rechten. Allerdings wird seine Klage gegen den Bescheid der Gemeinde letztinstanzlich abgewiesen. Hiergegen wendet sich A mit zulässiger Verfassungsbeschwerde.

Es ist davon auszugehen, dass andere als die genannten Bestimmungen, insbesondere das WoZuG, nicht einschlägig sind. Auch die als Sozialhilfe bezogenen Leistungen sind als richtig anzusehen. Das Land X hat von der Ermächtigung des § 47 I Nr. 2 VwGO keinen Gebrauch gemacht.

Fall 6: Prüfen Sie die Begründetheit der Verfassungsbeschwerde (ohne Art 6 GG).

Fall 7: Gemeinde D ist der Auffassung, das SAG verletze sie in ihrem Recht aus Art. 28 GG. Vor dem Erlass des SAG siedelten sich nur wenige Aussiedler in ihrem Zuständigkeitsbereich an. Die Gemeinde befürchtet, dass sich durch die auf sie entfallende Quote der Ausländeranteil erhöht und die Kosten steigen. Nach neuesten Berechnungen geht sie davon aus, dass ihr wegen der steigenden Sozialabgaben keine Mittel mehr zur Verfügung stehen, um Angelegenheiten wahrnehmen zu können, die ihr nicht durch irgendein Gesetz vorgeschrieben wurden. Was kann D im Januar 2009 tun, um gegen das Gesetz vorgehen zu können?

Fall 8: Angenommen, auch EU-Bürger, die nach Deutschland ziehen wollten, würden von dem SAG erfasst. Könnten sie sich auf Art. 11 GG berufen?

Lösung Fall 6:

Die Verfassungsbeschwerde ist begründet, wenn A durch das letztinstanzliche Urteil in einem seiner verfassungsrechtlich geschützten Güter verletzt wurde. Das Bundesverfassungsgericht ist keine Superrevisionsinstanz. Es prüft nur die Verletzung spezifischen Verfassungsrechts, d.h. ob die Entscheidung auf einer verfassungswidrigen Norm beruht, ob Prozessgrundrechte missachtet wurden oder ob Grundrechte übersehen oder ihre Gewichtung fehlerhaft vorgenommen wurde.

I. Art. 11 GG

Das Urteil könnte das Grundrecht der Freizügigkeit nach Art. 11 I GG verletzen.

1. Schutzbereich

Der Schutzbereich des Art. 11 I GG müsste eröffnet sein. Freizügigkeit bedeutet die Möglichkeit, an jedem Ort innerhalb des Bundesgebietes Aufenthalt und Wohnsitz zu nehmen. Durch den Verwaltungsakt, der die § 5 SAG und § 2 VO konkretisierte, wurde A der Gemeinde B zugewiesen. Da so die Wohnsitzwahl des A betroffen wurde, ist der sachliche Schutzbereich des Art. 11 I GG eröffnet. Auch der persönliche Schutzbereich muss eröffnet sein. A müsste Deutscher im Sinne von Art. 116 GG sein. Nach Zuerkennung der deutschen Staatsangehörigkeit erfüllt A auch diese Voraussetzung, Art. 116 I Var. 2 GG. Damit sind der persönliche und der sachliche Schutzbereich eröffnet.

2. Eingriff

In den Schutzbereich müsste eingegriffen worden sein. Ein Eingriff ist jede hoheitliche Maßnahme, die dem einzelnen eine Handlung, die in den Schutzbereich eines Grundrechts fällt, erschwert oder verhindert.

Durch den Verwaltungsakt, der A auf Grund der §§ 5 SAG, 2 VO der Gemeinde B zuweist, wird A nicht unmittelbar in seinem Grundrecht betroffen. Zwar wird ihm die Gemeinde als Wohnort zugewiesen. **A bleibt es aber unbenommen, in die Nachbargemeinde zu ziehen.** Ein solches Vorgehen wird durch die mit dem Verwaltungsakt geschaffene Rechtslage nicht behindert. Da A nicht direkt an einer freien Wohnsitzwahl gehindert wird, wird seine Grundrechtsausübung nicht unmöglich gemacht.

§ 12 SAG bestimmt allerdings, dass jeder Betroffene, der entgegen der Zuweisung nach Maßgabe der §§ 5 SAG, 2 VO einen anderen Wohnort als den zugewiesenen wählt, nur noch gekürzte Sozialleistungen beanspruchen kann. Diese nachteilige Folge wird **unmittelbar** an den Wohnortwechsel geknüpft. Das Gesetz knüpft somit für Sozialhilfebezieher die Ausübung des Grundrechts der Freizügigkeit an einen wirtschaftlich spürbaren Nachteil, um damit zielgerichtet den Grundrechtsinhaber an den Zuweisungsort zu binden. Aus diesem Grund liegt ein mittelbarer Eingriff vor. A wird ein grundrechtlich geschütztes Verhalten zumindest erschwert. Folglich liegt ein Eingriff vor.

3. Rechtfertigung

Der Eingriff ist gerechtfertigt, wenn er auf einer gesetzmäßigen Ermächtigungsgrundlage beruht, also sowohl das SAG und die auf ihm basierende VO verfassungsgemäß sind und diese Rechtsnormen auch rechtmäßig angewendet worden sind.

a) Verfassungsmäßigkeit des SAG als Schranke des Art. 11 GG

Gemäß Art. 11 II GG darf in das Grundrecht nur durch Gesetz oder aufgrund eines Gesetzes eingegriffen werden.

Der Eingriff erfolgt durch § 12 SAG. Voraussetzung dieser Norm ist, dass ein Aussiedler einer Gemeinde zugewiesen wurde. Die Zuweisung erfolgt durch §§ 5 SAG und 2 VO. Die Verordnung wiederum hat ihre Grundlage im SAG.

Der den A belastende Verwaltungsakt wird somit auf §§ 5, 12 SAG und 2 VO gestützt. Das SAG ist ein Bundesgesetz und erfüllt somit grundsätzlich die Voraussetzung als Schranke des Art. 11 II GG.

aa) Formelle Verfassungsmäßigkeit des SAG

Der Bund müsste für den Erlass des SAG zuständig gewesen sein. Als Kompetenznorm kommt Art. 73 Nr. 3 Var. 1 GG in Betracht. Der dort verwendete Begriff der Freizügigkeit entspricht der Definition des Schutzbereichs des Art. 11 I GG.

§ 12 SAG ist eine Regelung, die Rechtsfolgen für den Fall trifft, dass ein Spätaussiedler abweichend von seiner Zuweisung zu einer Gemeinde seinen

Wohnsitz wählt und somit zielgerichtet auf die Freizügigkeit des Betroffenen einwirken soll. Im Schwerpunkt werden aber Regelungen getroffen, um den neu ankommenden und mittellosen Aussiedlern eine ausreichende Lebensgrundlage zur Verfügung zu stellen. Somit ist Art. 73 Nr. 3 Var. 1 GG nicht die einschlägige Ermächtigungsgrundlage. Diese könnte vielmehr in Art. 74 I Nr. 7 GG zu sehen sein.

Öffentliche Fürsorge bezeichnet die Unterstützung Hilfsbedürftiger in Notlagen durch die öffentliche Hand. Das SAG betrifft nur Aussiedler, die sich mangels eigenen Einkommens nicht selbst unterhalten können. Somit ist diese Kompetenzgrundlage einschlägig.

Die Regelung müsste zur Herstellung **gleichwertiger Lebensverhältnisse** im Bundesgebiet oder zur Wahrung der Rechts- oder Wirtschaftseinheit im gesamtstaatlichen Interesse erforderlich sein, Art. 72 II GG. Ein Eingriff des Bundesgesetzgebers ist im Rahmen der ersten Alternative nur zulässig, wenn sich die Lebensverhältnisse in den Ländern der Bundesrepublik in erheblicher, das bundesstaatliche Sozialgefüge beeinträchtigender Weise auseinander entwickelt haben oder sich solche Entwicklungen konkret abzeichnen.

Erforderlich ist die bundesgesetzliche Regelung, wenn ohne die vom Gesetzgeber in Anspruch genommene Zielvorgabe die Herstellung gleichwertiger Lebensverhältnisse nicht hinlänglich erreicht wird. Dieses Erfordernis ist im Fall des Zuzuges von mehreren zehntausend Menschen erfüllt. Ein Großteil dieser Menschen ist ohne eigenes Einkommen und muss untergebracht werden.

Eine Konzentration dieser Menschen auf wenige Bundesländer würde diese benachteiligen. Ferner wird die Infrastruktur der betroffenen Länder wie Kindergärten, Schulen etc. im Vergleich stärker in Anspruch genommen. **Dadurch werden einige Bundesländer deutlich stärker belastet als andere.** Um die Folgen des starken Zuzugs abzumildern und zu verteilen, ist somit eine Regelung durch den Bund erforderlich.

Weitere Zulässigkeitsvoraussetzungen, insbesondere das Verfahren und die Form können mangels Sachverhaltsangaben nicht Frage gestellt werden.

Das Gesetz ist formell verfassungsgemäß.

bb) Materielle Verfassungsmäßigkeit des SAG

Das Gesetz müsste ferner materiell verfassungsgemäß sein. Dazu muss es einen legitimen Zweck verfolgen und geeignet, erforderlich sowie angemessen sein.

(1) Legitimer Zweck

Die Regelung der gleichmäßigen Verteilung der Aussiedler auf die Gemeinden müsste einem legitimen Ziel dienen. Durch die Regelung sollen zum einen die Belastungen aus der Zuwanderung und den daraus entstehenden sozialen Lasten gleichmäßig auf die Gemeinden verteilt werden. **Art. 28 II 3 GG gewährleistet den Gemeinden die finanzielle Eigenverantwortung.** Daraus folgt das Recht auf eine aufgabenadäquate Finanzausstattung. Wenn die Ausgaben für bestimmte Ausgaben, die grundsätzlich in allen Gemeinden entstehen, in bestimmten Gemeinden überproportional steigen und die Lasten gleichmäßig auf alle Gemeinden verteilt werden sollen, ist dies ein legitimes Ziel. Auch die Absicht, durch die Vermeidung von Siedlungsschwerpunkten die Integration zu fördern (Sozialstaatsprinzip) ist als legitim anzusehen.

(2) Geeignetheit

Das Gesetz müsste objektiv geeignet sein, um das Leben von Menschen zu schützen. Geeignet ist ein Mittel, mit dessen Hilfe der gewünschte Erfolg gefördert werden kann.

Die Versagung von finanziellen Mitteln als Folge der Wohnortverlagerung ist geeignet, den Betroffenen von einem Wortortwechsel abzuhalten. Ohne entsprechende finanzielle Unterstützung wird die Lebensgestaltung des Aussiedlers eingeschränkt. Die **Höhe der Sozialleistungen beeinträchtigt die Wahl des Wohnorts.** So kann die Verteilung der Spätaussiedler auf die Gemeinden und damit die Soziallastentragung gesteuert werden. Die Vermeidung von Siedlungsschwerpunkten ist geeignet, die Integration der Aussiedler zu verbessern und die finanziellen Lasten auf alle Gemeinden gleichmäßig zu verteilen. Insoweit muss der gesetzgebenden Körperschaft eine **Einschätzungsprärogative** zugebilligt werden. Das Gesetz ist somit zur Erreichung der Ziele geeignet.

(3) Erforderlichkeit

Das Mittel muss erforderlich sein, um das Ziel zu erreichen. Die Erforderlichkeit ist zu verneinen, wenn das Ziel der staatlichen Maßnahme auch durch ein anderes, gleich wirksames Mittel erreicht werden kann, das das betreffende Grundrecht nicht oder deutlich weniger fühlbar einschränkt.

Denkbar wäre es, dass ein **Finanzausgleich** zwischen den Gemeinden ein milderes Mittel als die gleichmäßige Verteilung der Aussiedler auf die Gemeinden darstellt. Durch die Konzentration auf wenige Gemeinden wäre die Summe der finanziellen Belastung sogar geringer, da die Infrastruktur gebündelt wäre und nicht in jeder Gemeinde erneut aufgebaut werden müsste. Allerdings bliebe der Gesichtspunkt der besseren **Integration** völlig unbeachtet. Zudem sähen sich bei anhaltender

Zuwanderung ohne eine gesetzliche Regelung einige Gemeinden unter Umständen in der Situation, dass die einheimische Bevölkerung die Minderheit darstellt. Damit wäre die Konzentration der Aussiedler auf wenige Gemeinden in Verbindung mit einem Finanzausgleich zwar dem ersten Anschein nach milderes Mittel, um den Zweck der gleichmäßigen finanziellen Lastenverteilung zu verfolgen, sie hat jedoch erhebliche negative Folgen, die dazu führen, dass kein milderes Mittel vorliegt.

Sprachkurse und ähnliche Maßnahmen allein können das Problem der unzureichenden Integration nicht abfedern. Je mehr Aussiedler in einer Gemeinde leben, desto eher besteht die **Gefahr von „Parallelgesellschaften"**. Das SAG entspricht somit dem Erforderlichkeitsgrundsatz.

(4) Angemessenheit

Das Mittel muss zu dem zu erreichenden Ziel in einem angemessenen Verhältnis stehen. Das Gebot der Angemessenheit verlangt, dass der Eingriff in angemessenem Verhältnis zu dem Gewicht und der Bedeutung des Grundrechts steht, dass bei einer Gesamtabwägung zwischen der Schwere des Eingriffs und dem Gewicht und der Bedeutung der ihn rechtfertigenden Gründe die Grenze der Zumutbarkeit gewahrt bleibt.

Das Mittel der Freizügigkeitsbeschränkung darf zu den Zielen einer gleichmäßigen Verteilung der Soziallasten und der besseren Integration nicht außer Verhältnis stehen.

Erhöht sich in Gemeinde der Anteil von Spätaussiedlern überproportional zu vergleichbaren Gemeinden und engt sich der finanzielle Spielraum dieser Gemeinden auf Dauer derart ein, dass diese faktisch in ihrer Handlungsfähigkeit eingeschränkt sind, muss die Freizügigkeit zurückstehen. Zu beachten ist, dass die Freizügigkeit **nur so lange beschränkt wird, bis der Betroffene einen Arbeitsplatz gefunden hat** und sich selbst ernähren kann. Die betroffenen Personen haben es **somit in der Hand**, ihre Freizügigkeit wiederherzustellen. Die Beschränkung stellt eine Notmaßnahme dar, um die finanzielle Leistungsfähigkeit der Gemeinden zu erhalten.

Auch der Umstand, dass die Integration der Einreisenden verbessert werden soll, spricht für eine **Angemessenheit**. Je besser die Aussiedler integriert werden, desto höher ist ihre Akzeptanz in der einheimischen Bevölkerung. Durch Erlernen der deutschen Sprache und der in der neuen Heimat gelebten Werte erhöht sich die Chance auf Arbeit und ein selbstständiges Leben. Zudem sind Besuche von Verwandten nicht betroffen, sondern nur die Wohnortwahl.
Die Regelung ist somit angemessen.

b) Verfassungsmäßigkeit der VO
Die VO müsste verfassungsgemäß sein.

aa) Formelle Verfassungsmäßigkeit
Die VO müsste zunächst formell verfassungsgemäß sein.

(1) Ermächtigungsgrundlage
Die VO müsste eine Ermächtigungsgrundlage aufweisen. § 10 SAG ermächtigt die Landesregierungen zum Erlass der Verordnungen. Diese sind zulässige Ermächtigungsadressaten, Art. 80 I 1 Var. 3 GG.

(2) Bestimmtheitsgebot
Das Gesetz muss auch dem Bestimmtheitsgebot entsprechen. Inhalt, Zweck und Ausmaß der Rechtsverordnung müssen durch das Gesetz bestimmen sein, Art. 80 I 2 GG, wobei die wesentlichen Entscheidungen dem Gesetzgeber vorbehalten sind.

Die Ermächtigung betrifft nur die Ausgestaltung der Frage, wie die Aussiedler in jedem Bundesland verteilt werden sollen. Die VO geht über diese Frage nicht hinaus. **Auch sind die wesentlichen Entscheidungen durch den Gesetzgeber getroffen worden.** Beispielsweise sind die Rechtsfolgen des Verstoßes gegen die Zuordnung durch einen Betroffenen durch § 12 SAG normiert. Die Verteilung der Aussiedler innerhalb eines Landes ist keine so wichtige Regelung, dass sie dem Gesetzgeber vorbehalten sein muss. Dadurch, dass jedes Land selbst über die Verteilung entscheiden kann, können die Verordnungsgeber ihre nationalen Besonderheiten berücksichtigen. Ob die formellen Voraussetzungen für den Erlass der VO beachtet wurden, kann mangels Sachverhaltsangaben dahinstehen.

bb) Materielle Verfassungsmäßigkeit
Auch die Verordnung muss materiell verfassungsgemäß sein. Hinsichtlich der Prüfung kann sinngemäß nach oben verwiesen werden.

c) Verfassungsmäßigkeit des Verwaltungsaktes
Das SAG und die VO müssen im Einzelfall auch rechtmäßig angewandt worden sein. **Das Bundesverfassungsgericht darf hier nur prüfen, ob Grundrechte übersehen worden sind oder falsch gewichtet wurden.**

Der Verwaltungsakt muss ferner **verhältnismäßig** sein. Bezüglich des legitimen Zwecks wird nach oben verwiesen. Auch ist der Verwaltungsakt geeignet, die Integrationsziele zu fördern und die Soziallasten gleichmäßig zu verteilen.

Allerdings wäre eine **Zuweisung an C** ein milderes, gleich geeignetes Mittel. Zwar wäre die Freizügigkeit des A noch immer eingeschränkt, aber er wäre am gleichen Ort wie seine Familie. Für die Soziallastenverteilung würde diese Entscheidung keine Auswirkung haben. Auch eine bessere Integration wird durch eine Zuweisung an B nicht gewährleistet. Ob eine Volkshochschule bessere Deutschkurse anbietet, wird keinen wesentlichen Einfluss auf die Eingliederung haben.

Aus diesen Gründen ist der Verwaltungsakt **auch unangemessen**. Die Ziele können erreicht werden, ohne A von seiner Familie zu trennen. Im Rahmen der Zuweisung muss die Ausstrahlungswirkung von Art. 6 I GG beim Wunsch nach einem Zusammenwohnen mit Familienangehörigen berücksichtigt werden. **Zur Vermeidung solcher Härtefälle ist die Behörde verfassungsrechtlich gehalten, eine Abänderung der Zuweisung auf Antrag vorzunehmen.** Angesichts der raschen Verteilung bei der Einreise muss Raum bleiben für eine spätere Prüfung der persönlichen Situation, die zugleich vermeidet, die Spätaussiedler zum bloßen Objekt eines staatlichen Verteilungsverfahrens zu machen.

Aus diesen Gründen verstößt der angegriffene Verwaltungsakt gegen das Übermaßverbot und das Urteil verstößt gegen spezifisches Verfassungsrecht.

Ergebnis: Das SAG und die Verordnung sind verfassungsgemäß. Allerdings verstößt der Verwaltungsakt gegen das Übermaßverbot und ist damit rechtswidrig. Das Urteil verstößt gegen Art. 11 GG.

II. Art. 2 I GG

Durch die staatliche Maßnahme könnte das Grundrecht der allgemeinen Handlungsfreiheit verletzt sein. Allerdings wird dieses Grundrecht durch Art. 11 I GG als speziellerem Grundrecht verdrängt.

III. Art. 3 III GG:

Art. 3 III GG nicht betroffen. Die Spätaussiedler werden durch die angegriffene Regelung nicht wegen ihrer Heimat oder Herkunft benachteiligt sondern wegen ihres Sozialhilfebedarfs. Somit ist diese Norm nicht einschlägig.

IV. Art. 3 I GG:

Der Bescheid der Gemeinde könnte gegen das Gleichheitsgebot des Art. 3 I verstoßen. Anknüpfungspunkt ist die Frage, ob der Bescheid „wesentlich Gleiches“ ungleich bzw. „wesentlich Ungleiches“ gleich behandelt.

1. Gleich- bzw. Ungleichbehandlung

a) Deutsche Staatsbürger, die sozialhilfebedürftig sind und nach Deutschland einreisen, sind nicht in ihrem Grundrecht auf Freizügigkeit eingeschränkt.

b) Spätaussiedler, die sozialhilfebedürftig sind, sind in ihrem Grundrecht auf Freizügigkeit durch den Verwaltungsakt eingeschränkt.

c) Fraglich ist, ob beide Personengruppen unter einem gemeinsamen Oberbegriff, **dem Bezugspunkt**, zusammengefasst werden können. Nur wenn dies der Fall ist, kann von „wesentlich Gleichem" gesprochen werden. Hier sind beide Personengruppen Sozialhilfeempfänger. Das ist ein gemeinsamer Oberbegriff. Folglich können beide Personengruppen unter einem Bezugspunkt zusammengefasst werden.

2. Rechtfertigung der Ungleichbehandlung

a) Kompetenz- und verfahrensgemäßes Zustandekommen des Bescheids ist gegeben.

b) Es muss einen sachlichen Grund für die Ungleichbehandlung geben. Bei Ungleichbehandlungen geringerer Intensität beschränkt sich die gerichtliche Rechtfertigungsprüfung auf eine Evidenzkontrolle („Willkürformel"). Hier ist eine Ungleichbehandlung mit Grundrechtsauswirkung gegeben. Damit liegt eine größere Intensität der Ungleichbehandlung vor. Hier ist eine Verhältnismäßigkeitsprüfung („Neue Formel") notwendig.

aa) Die Ungleichbehandlung müsste einen **legitimen Zweck** verfolgen. Zweck ist hier die Integration der Spätaussiedler in die Gesellschaft insgesamt, nicht nur in manchen Schwerpunktgegenden. Damit liegt ein legitimer Zweck vor.

bb) Die Maßnahme müsste **geeignet** sein, den Zweck zu erreichen. Die Zuweisung an verschiedene Gemeinden ist ein geeignetes Mittel, um Konzentrationserscheinungen zu verhindern und damit geeignet.

cc) Sie müsste auch **erforderlich** sein. Das bedeutet, es darf kein milderes Mittel geben, welches ebenso gut das Ziel erreichen würde. Ein solches Mittel ist nicht ersichtlich. Daher ist die Maßnahme auch erforderlich.

dd) Schließlich müsste sie auch in einem **angemessenem Verhältnis zum Wert des Zwecks** stehen. Die Spätaussiedler haben es selbst in der Hand durch

Aufnahme von Arbeit, ihre Freizügigkeit wieder herzustellen. Dies macht die Regelung zu einem schwachen Grundrechtsverstoß, der gemessen zum Zweck – Verhinderung von Parallelgesellschaften – zurückstehen muss. Folglich ist die Angemessenheit gegeben.

Ergebnis: Es liegt kein Verstoß gegen Art. 3 I GG vor.

> **Hinweis:** Zum gleichen Ergebnis kommt man, wenn man die Bezugsgruppen „Spätaussiedler" und „sonstige Ausländer" vergleicht.

V. Ergebnis:

Das SAG und die VO sind nicht verfassungswidrig; allerdings verstößt die Anwendung des Gesetzes im Einzelfall gegen das Verhältnismäßigkeitsprinzip und ist somit verfassungswidrig. Das Urteil verletzt spezifisches Verfassungsrecht.

Lösung zu Fall 7:

Die Gemeinde D könnte Verfassungsbeschwerde gegen das Gesetz einlegen, Art. 93 I Nr. 4 b GG, §§ 11 Nr. 8a, 90 ff. BVerfGG.

1.Statthaftigkeit

Das Bundesverfassungsgericht ist für Verfassungsbeschwerden von Gemeinden nach Art. 93 I Nr. 4 b GG, §§ 11 Nr. 8a, 90 ff. BVerfGG zuständig. Damit ist die Verfassungsbeschwerde statthaft.

2. Beschwerdefähigkeit

Gemeinden sind wegen ausdrücklicher Nennung in der Norm beschwerdefähig. Sie sind prozessfähig, wenn die nach dem jeweiligen Kommunalrecht bestimmten Organe die Gemeinden vertreten. Mangels abweichender Angaben ist hiervon auszugehen.

3. Beschwerdegegenstand

Beschwerdegegenstand können nach § 91 S.1 BVerfGG Landesgesetze und Bundesgesetze sein. Das SAG ist ein Gesetz in formellem Sinn und somit zulässiger Beschwerdegegenstand.

4. Beschwerdebefugnis

Die Gemeinde müsste beschwerdebefugt sein. Diese ist gegeben, wenn sie geltend macht, in **ihrem aus Art. 28 GG folgenden Selbstverwaltungsrecht verletzt zu sein**, § 91 S. 1 BVerfGG. Auch muss das Gesetz die Gemeinde selbst, gegenwärtig und unmittelbar treffen.

Art. 28 II S. 1 GG gewährt den Gemeinden eine Selbstverwaltungsgarantie in Angelegenheiten der örtlichen Gemeinschaft. Zu den Angelegenheiten der örtlichen Gemeinschaften gehören die Gemeindehoheiten, zu denen auch die Finanzhoheit zählt. **Diese wird umschrieben als Recht auf eigenverantwortliche Einnahmen- und Ausgabenwirtschaft.** Es ist streitig, wann die Grenze zu einer unzulässigen Einschränkung der Finanzhoheit überschritten wird. So wird vertreten, den Gemeinden müssten **mindestens 5 %** der Einnahmen zur freien Verfügung zustehen. Eine andere Auffassung beschreibt die garantierte finanzielle Mindestausstattung der Gemeinden negativ. Sie sei jedenfalls dann unterschritten, wenn eine Gemeinde ausschließlich überörtliche sowie solche örtlichen Aufgaben wahrnimmt, bei denen das Ob und Wie der Erledigung detailliert gesetzlich vorgezeichnet sind. Bleiben der Gemeinde, wie im Sachverhalt, keine finanziellen Mittel zur Wahrnehmung von örtlichen Aufgaben, ist zumindest der Schutzbereich des Art. 28 II GG betroffen und eine Verletzung möglich.

Da die Gemeinde D nach den Berechnungen aufgrund der Neuregelung über keine freien Mittel mehr verfügen kann, ist sie in ihrem Recht aus Art.28 GG selbst betroffen, da die eigene kommunalverfassungsrechtlich ausgewiesene Rechtsposition der Gemeinde Bezugspunkt ist.

Da die VOG zum SAG im Januar 2007 in Kraft trat, ist die Gemeinde auch **gegenwärtig** betroffen.

Unmittelbare Betroffenheit liegt nicht nur dann vor, wenn die Gemeinde durch das Gesetz betroffen wird, ohne dass es eines Umsetzungsaktes bedarf. Eine Gemeinde ist danach nicht erst dann unmittelbar betroffen, wenn das Gesetz sie konkret belastet, wie beispielsweise bei einem Neugliederungsgesetz über die Gemeindegröße. Eine abstrakte Beschwer reicht aus. Diese ist vorliegend gegeben, da der Gemeinde aufgrund der Neuregelung erheblich geringere finanzielle Mittel zur Verfügung stehen.
Die Gemeinde ist beschwerdebefugt.

5. Form und Frist

Die Verfassungsbeschwerde ist binnen eines Jahres ab Inkrafttreten einzulegen, § 93 III BVerfGG. Für die Klage ist die Schriftform vorgeschrieben, § 23 I S. 1 BVerfGG.

6. Rechtswegerschöpfung

Der Rechtsweg müsste erschöpft sein. § 91 S.2 BVerfGG ist nicht einschlägig, da sich die Gemeinde gegen ein Bundesrecht wendet und somit keine Landesverfassungsbeschwerde statthaft ist. Da das Land X von der Ermächtigung des § 47 I S. 2 VwGO keinen Gebrauch gemacht hat, kommt auch eine Klage vor den Verwaltungsgerichten nicht in Betracht. Weitere Rechtswegmöglichkeiten sind nicht zu erkennen. Der Rechtsweg ist somit erschöpft.

7. Subsidiarität:
Im Gegensatz zur Individualverfassungsbeschwerde hat das Subsidiaritätsprinzip bei Gemeindeverfassungsbeschwerden keine wesentliche Bedeutung. Das folgt daraus, dass der Rechtsbehelf nach Art. 93 I Nr. 4b GG von vornherein auf eine Rechtssatzkontrolle ausgelegt ist. Dieser Grundsatz steht im Kontrast zu Art. 93 I Nr. 4a GG, wo die Rechtssatzverfassungsbeschwerde die Ausnahme darstellt. Das Subsidiaritätsprinzip steht einer Klage nicht entgegen.

Lösung Fall 8:
Fraglich ist, ob sich EU-Ausländer auf Art. 11 GG berufen können. Nach einer Auffassung fallen nur Deutsche i.S.d. Art. 116 GG in den persönlichen Schutzbereich des Art. 11 I GG. Ausländer sollen sich **nur auf Art. 2 I GG als Auffanggrundrecht** berufen können, wobei die Schranken des Deutschengrundrechts auf Art. 2 I GG übertragen werden sollen. Diese Auffassung verweist auf den **Wortlaut** der Norm. Dieser sei eindeutig und dürfe nicht verwässert werden.

Die Gegenauffassung **wendet das restriktive Merkmal *Deutscher* auf EU-Bürger nicht an**. Wegen Art. 18 und 21 AEUV i.V.m. den Bestimmungen über die Freizügigkeit und die Freiheit der Niederlassung sei jede Diskriminierung aus Gründen der Staatsangehörigkeit ausgeschlossen. Der grundsätzliche Anwendungsvorrang des Gemeinschaftsrechts zwinge, soweit das Diskriminierungsverbot gelte, zur Aufhebung der Differenzierung durch förmliche Gleichstellung von Deutschen und Unionsbürgern.

Da der Deutschenbegriff aus **methodischen Gründen nicht** in *EU-Bürger* **uminterpretiert** werden könne, dürfe das restriktive Merkmal *Deutscher* auf EU-Bürger nicht angewendet werden. Außerdem soll eine Anwendung der Schranken der Deutschengrundrechte i.R.d. Art. 2 I GG, wie es die erstgenannte Auffassung fordert, die Grenze der Auslegungsmethoden übersteigen.

Eine dritte Meinung will den Begriff *Deutscher* **europarechtskonform interpretieren** und fasst auch EU-Ausländer unter diesen Begriff. Für diese Auffassung wird angeführt, jede Norm müsse europarechtskonform ausgelegt werden, um Verstöße gegen den EG-Vertrag zu vermeiden. Dagegen wird argumentiert, die Frage, ob sich auch EG-Ausländer auf Deutschengrundrechte berufen können, sei keine Frage der Auslegung. Schon wegen des Anwendungsvorrangs des Europarechts könnten sich

EU-Ausländer auch entgegen dem klaren Wortlaut auf Deutschengrundrechte berufen.

Im Ergebnis führen alle Auffassungen zum selben Ergebnis. Die zweite und dritte Auffassung unterscheiden sich nur in der Begründung, warum sich EU-Ausländer auf das Deutschengrundrecht berufen können sollen. Die erstgenante Ansicht wendet die Schranken des Art. 11 II GG entsprechend an und kommt somit zum selben Ergebnis. **Somit kann sich auch ein EU-Ausländer erfolgreich auf sein Freizügigkeitsrecht berufen**, sei es, dass Art. 11 I GG angewandt wird.

Sachverhalt

Das städtische Theater der Stadt Frankfurt feiert im Juni 2013 die Premiere des Stückes „Triumph des Todes“. Wie schon den Programmankündigungen zu entnehmen war, setzt das Stück stark auf die Interaktion mit dem Publikum. In der ersten Reihe nehmen viele Ehrengäste Platz, darunter auch der aus dem Feuilleton einer überregionalen Tageszeitung bekannte Kritiker K. Nachdem der Hauptdarsteller H mehrfach Blickkontakt mit K aufgenommen hat, legt er ihm spontaner Weise ein während der Inszenierung totgeborenes Kind in Gestalt einer Puppe in den Schoß mit den Worten: „Schreiben Sie, dass das ein schönes Kind ist, schreiben Sie das. Sie sehen doch so klug aus.“ Dem entgegnet K: „Sie leider nicht.“ Daraufhin reißt H den Notizblock aus den Händen des K und versucht vergeblich, das Notierte zu entziffern um es vorzulesen. K indes springt wütend auf und verlässt den Saal. Hauptdarsteller H wirft ihm den Block hinterher und ruft: „Hau ab, du Arsch, verpiss dich!“

An eben dieser Stelle war vom Regisseur zwar eine Interaktion mit dem Publikum vorgesehen, jedoch sollte H nur versuchen, in einen kleinen Dialog mit dem Zuschauer zu treten, nicht aber persönliche Gegenstände zu entwenden oder Beleidigungen auszusprechen. Dieser Eklat fabriziert in den folgenden Tagen viele Schlagzeilen.

Die Stadt Frankfurt sieht den guten Ruf ihres Theaters in Gefahr und reagiert mit einer fristlosen Kündigung des Arbeitsvertrags (§ 626 BGB) des bei ihr angestellten H. Dieser aber will die Kündigung nicht hinnehmen; vielmehr ist er überzeugt davon, mit der Aktion neue Maßstäbe in Sachen Improvisationstheater gesetzt zu haben. Mit seiner Klage vor den Arbeitsgerichten bleibt er allerdings in allen Instanzen erfolglos.

Fall 9: Wäre eine Verfassungsbeschwerde des H zulässig?

Fall 10: Wäre diese begründet?

Lösung Fall 9

Die Verfassungsbeschwerde des H könnte zulässig sein.

1. Statthaftigkeit

Das Bundesverfassungsgericht ist das für Verfassungsbeschwerden zuständige Gericht, Art. 93 I Nr. 4a GG, §§ 13 Nr. 8a, 90 ff. BVerfGG.

2. Beschwerdefähigkeit

H müsste zunächst beschwerdefähig sein. Beschwerdefähig ist gemäß Art. 93 I Nr. 4a GG und § 90 I BVerfGG "jedermann", dass heißt jeder, der Träger von Grundrechten sein kann. H ist als natürliche Person Träger von Grundrechten und somit beschwerdefähig.

3. Beschwerdegegenstand

Beschwerdegegenstand sind nach § 90 I BVerfGG sämtliche Maßnahmen der öffentlichen Gewalt. Darunter fallen alle Maßnahmen der Gesetzgebung (Legislative), der vollziehenden Gewalt (Exekutive) und der Rechtsprechung (Judikative), vgl. Art. 1 III, 20 III GG. Vorliegend könnte die fristlose Kündigung Beschwerdegegenstand sein. Dafür spräche, dass die Stadt Frankfurt eine juristische Person des öffentlichen Rechts ist und damit auch öffentlich-rechtlich handeln kann.

Allerdings kann davon ausgegangen werden, dass H durch einen zivilrechtlichen Arbeitsvertrag bei der Stadt angestellt ist. Durch die Kündigung wird deshalb auch ein privatrechtliches Arbeitsverhältnis beendet; sie wirkt somit ausschließlich zivilrechtlich und kann daher keine Maßnahme öffentlicher Gewalt darstellen. Darüber hinaus kommen aber die arbeitsgerichtlichen Urteile als Beschwerdegegenstand in Betracht. Hierbei wird sich die Verfassungsbeschwerde gegen das letztinstanzliche Urteil des BAG richten. Dieses ist als Akt der Judikative tauglicher Beschwerdegegenstand.

4. Beschwerdebefugnis

H müsste ferner beschwerdebefugt sein. Dies ist der Fall, wenn jedenfalls die Möglichkeit besteht, dass H durch das Urteil in einem seiner Grundrechte oder grundrechtsgleichen Rechte verletzt ist. Darüber hinaus muss er selbst, gegenwärtig und unmittelbar beschwert sein.

Vorliegend kommt eine Verletzung der Kunstfreiheit des H aus Art. 5 III GG in Betracht. Grundsätzlich sind die Grundrechte Abwehrrechte des Bürgers gegen den Staat, sie stellen aber auch eine objektive Wertordnung dar. Daher können sie auch zwischen Privaten wirken. Zu beachten ist aber in derartigen Konstellationen, dass die Grundrechte **keine unmittelbare Drittwirkung innerhalb zivilrechtlicher Arbeitsverhältnisse** entfalten. Vielmehr wirken die Grundrechte mittelbar durch die Generalklauseln des BGB in das Zivilrecht ein. Vorliegend wurde die Kündigung des H nach § 626 BGB ausgesprochen.

Beachte: Es ist nicht unüblich, dass auch in öffentlich-rechtlichen Klausuren Normen des BGB ein Rolle spielen, vor allem die sog. Generalklauseln, wenn es wie hier um die mittelbare Drittwirkung von Grundrechten geht. Weitere Bsp.: §§ 134, 138, 242, 826 BGB.

Bei der **Auslegung** des § 626 BGB müssen auch immer die Grundrechtspositionen der streitenden Parteien berücksichtigt werden. Die Grundrechtsverletzung des H kann sich folglich daraus ergeben, dass das BAG bei der Auslegung des § 626 BGB möglicherweise die Kunstfreiheit des H nicht hinreichend berücksichtigt hat.
Durch das Urteil des BAG ist H auch selbst, gegenwärtig und unmittelbar beschwert. Folglich ist H beschwerdebefugt.

5. Erschöpfung des Rechtswegs Mit dem Urteil des BAG hat H den Rechtsweg gemäß § 90 II 1 BVerfGG erschöpft.

6. Form und Frist

Im Hinblick auf Form und Frist der Erhebung sind die §§ 23 I und 93 I 1 BVerfGG zu beachten. Anträge sind danach schriftlich einzureichen und mit einer ausreichenden Begründung zu versehen. Mangels gegenteiliger Hinweise im Sachverhalt wurden diese Kriterien eingehalten.

Ergebnis: Die Verfassungsbeschwerde des H ist zulässig.

<u>Lösung Fall 10:</u>

Die Verfassungsbeschwerde ist begründet, wenn die letztinstanzliche Gerichtsentscheidung die Kunstfreiheit des H aus Art. 5 III GG verletzt. Das Bundesverfassungsgericht ist keine Superrevisionsinstanz. Es prüft nur die Verletzung spezifischen Verfassungsrechts, d.h. ob die Entscheidung auf einer verfassungswidrigen Norm beruht, ob Prozessgrundrechte missachtet wurden oder ob Grundrechte übersehen oder ihre Gewichtung fehlerhaft vorgenommen wurde.

1. Schutzbereich

Zunächst müsste der Schutzbereich der Kunstfreiheit persönlich wie sachlich eröffnet sein. H kann sich als natürliche Person auf die Kunstfreiheit aus Art. 5 III GG berufen. Fraglich ist aber, ob auch der sachliche Schutzbereich vorliegend eröffnet ist.

a) Verhalten des H als Kunst

Dazu müsste es sich bei dem Verhalten des H um Kunst i.S.d. Art. 5 III GG handeln.

aa) Formaler Kunstbegriff

Nach dem formalen Kunstbegriff liegt Kunst vor, wenn das Wesentliche des betreffenden Werks einem bestimmten **Werktyp** – bspw. Malerei, Schauspielerei, Dichtung – zugeordnet werden kann. Hier könnte das Verhalten des H als Schauspieler dem Werktyp des Improvisationstheaters zuzuordnen sein. H soll nach den Anweisungen des Regisseurs in eine Interaktion mit dem Publikum treten und spontan einen Dialog anfangen. Vorliegend hat er sich K ausgesucht. Damit fällt sein Verhalten unter den **Begriff des Improvisationstheaters** und stellt somit nach dem formalen Kunstbegriff Kunst dar.

bb) Materieller Kunstbegriff

Nach dem materiellen Kunstbegriff wird Kunst als freie, schöpferische Gestaltung verstanden, in der Eindrücke, Erfahrungen und Erlebnisse des Künstlers durch das Medium einer bestimmten Formensprache zur unmittelbaren Anschauung gebracht werden. Vorliegend wird H durch seine Improvisation **schöpferisch tätig**. Dabei verarbeitet er auch seine Eindrücke, was aus der spontanen Reaktion auf die Antwort des K deutlich wird. Damit fällt sein Verhalten auch unter den materiellen Kunstbegriff.

cc) Offener Kunstbegriff

Der offene Kunstbegriff sieht das kennzeichnende Merkmal einer künstlerischen Betätigung darin, dass es wegen der Mannigfaltigkeit des inneren Aussagegehalts möglich ist, der Darstellung im Wege einer fortgesetzten Interpretation **immer weiterreichendere Bedeutungen zu entnehmen**, so dass sich eine praktisch unerschöpfliche, vielstufige Informationsvermittlung ergibt. Im vorliegenden Fall, bietet die Auswahl gerade des K und die Art des Dialogs immer neue Möglichkeiten zur Interpretation. Damit ist auch den Anforderungen des offenen Kunstbegriffs gedient.

Da das Verhalten des H nach allen Kunstbegriffen Kunst darstellt, ist ein Streitentscheid entbehrlich.

> Merke: In der Klausur ist der Schutzbereich der Kunstfreiheit fast immer eröffnet; trotzdem sind stets alle drei Kunstbegriffe – jedenfalls kurz – darzustellen. Das zeigt dem Korrektor, dass man sich mit dem Wesen der Kunstfreiheit auseinander gesetzt hat.

dd) Einschränkungen

Fraglich ist aber, ob die Kunstfreiheit des H vorliegend nur in gewissen Schranken besteht. H tritt nicht etwa als Straßenkünstler auf, sondern spielt als fest angestellter Schauspieler in einem renommierten Haus und ist folglich angewiesen, nach den Anweisungen des Regisseurs zu handeln. Man könnte daher vertreten, dass das Verhalten des H, wenn er sich außerhalb dieser Anweisungen begibt, nicht mehr von der Kunstfreiheit des Art. 5 III GG gedeckt ist – mithin seine Kunstfreiheit nur im Rahmen der Weisung des Regisseurs besteht.

Vorliegend war vom Regisseur aber die Improvisation ausdrücklich gewollt und damit auch freigegeben. Eine Grenzziehung zwischen erlaubtem und nicht erlaubtem

Verhalten anhand des Rahmens der Weisung scheint unmöglich. Vielmehr ist dies eine Frage der Begründetheit.
Damit ist der Schutzbereich der Kunstfreiheit aus Art. 5 III GG vorliegend eröffnet.

2. Eingriff

Weiterhin müsste ein Eingriff in den Schutzbereich vorliegen. Unter einem Eingriff versteht man jede hoheitliche Maßnahme, die dem einzelnen ein Verhalten, das in den Schutzbereich fällt, wesentlich erschwert oder unmöglich macht. Das Urteil des BAG bestätigt die Rechtmäßigkeit der Kündigung der Stadt Frankfurt und hindert H daran, in Zukunft im Improvisationstheater des städtischen Theaters mitwirken zu können. Mithin ist ein Eingriff zu bejahen.

3. Verfassungsrechtliche Rechtfertigung

Der Eingriff könnte aber verfassungsrechtlich gerechtfertigt sein, wenn er von einer Grundrechtsschranke gedeckt ist. Die Kunstfreiheit aus Art. 5 III GG ist grundsätzlich vorbehaltlos gewährt. Eine Rechtfertigung kann sich deshalb nur auf **verfassungsimmanente Schranken** stützen. Als solche kommen vorliegend die Kunstfreiheit der Stadt Frankfurt aus Art. 5 III GG oder aber die Selbstverwaltungsgarantie aus Art. 28 II GG in Betracht. Mithin kommt es auf die Frage an, ob das BAG bei der Auslegung des § 626 BGB die gegenläufigen Grundrechtspositionen des H einerseits und der Stadt Frankfurt andererseits richtig abgewogen und damit die Gewichtung kollidierenden Verfassungsrechts richtig vorgenommen hat.

a) Kunstfreiheit der Stadt Frankfurt

Fraglich ist zunächst, ob sich die Stadt Frankfurt auf die Kunstfreiheit aus Art. 5 III GG berufen kann. **Die Kunstfreiheit ist kein höchstpersönliches Grundrecht und kann grundsätzlich auch juristischen Personen gemäß Art. 19 III GG zukommen.** Problematisch ist dies allerdings bei juristischen Personen des öffentlichen Rechts, da diese als Träger öffentlicher Gewalt zunächst aus den Grundrechten verpflichtet sind. Es wäre daher unbillig, sie gleichzeitig unter den Schutz der Grundrechte zu stellen.

Ausnahmen von diesem Grundsatz bestehen dort, wo öffentlich-rechtliche Rechtsträger unmittelbar dem durch das betreffende Grundrecht geschützten Lebensbereich zugeordnet sind und als eigenständige, vom Staat unabhängige Einrichtung bestehen, wie etwa öffentlich-rechtliche Rundfunkanstalten, Kirchen oder Universitäten. Vorliegend **fehlt** es aber dem städtischen Theater an einer rechtlichen **Verselbständigung**, vielmehr ist es in die Gebietskörperschaft der Stadt Frankfurt eingegliedert. Damit kann sich **weder** die Stadt Frankfurt **noch** das Theater selbst auf die Kunstfreiheit aus Art. 5 III GG berufen.

b) Selbstverwaltungsrecht der Stadt Frankfurt
Allerdings könnte Art. 28 II GG als kollidierendes Verfassungsrecht in Betracht kommen. Die sog. **Selbstverwaltungsgarantie** verleiht den Gemeinden das Recht, alle Angelegenheiten, die in der örtlichen Gemeinschaft wurzeln oder einen spezifischen Bezug zu ihr haben, eigenständig zu regeln. Vorliegend kommt der Selbstverwaltungsgarantie in ihrer Ausprägung als Personalhoheit und dem Recht der Gemeinde auf Selbstdarstellung Bedeutung zu.

Der Stadt Frankfurt geht es darum, mit dem Betrieb eines Theaters für sich als Kulturstadt zu werben. Dabei ist es rufschädigend, wenn bei der Stadt angestellte Schauspieler die Gäste des Theaters beleidigen und während der Vorstellung private Gegenstände entwenden. Mithin ist die **Selbstverwaltungsgarantie der Stadt Frankfurt aus Art. 28 II GG** durch den Vorfall bei der Premiere des Stückes „Triumph des Todes“ erheblich beeinträchtigt. Folglich gilt es, die Kunstfreiheit des H mit den Rechten der Stadt aus Art. 28 II GG abzuwägen.

c) Abwägung
Vorliegend hat H seine künstlerische Freiheit dahingehend ausgelebt, dass er seinem Handeln aus den Eindrücken der aktuellen Gegebenheiten heraus freien Lauf ließ. Dadurch hat er sich als Künstler ein Stück weit selbst verwirklicht.

Überdies war nach dem Willen des Regisseurs an eben dieser Stelle des Stückes eine Improvisation vorgesehen, sodass H hier nicht völlig entgegen den Anweisungen handelte. Allerdings ist die **Art und Weise** seines Handelns hier problematisch, da H sich nicht nur innerhalb seines Schutzbereiches auslebt, sondern durch Beleidigungen und die Wegnahme von Gegenständen Rechte anderer – hier Rechte des K – verletzt. Die Beleidigung geschah ferner auch durch eine Tätlichlichkeit und vor Publikum. Die Intensität der Beleidigung war daher verhältnismäßig hoch.

Es ist zu berücksichtigen, dass H bei der Stadt angestellt ist und somit – jedenfalls in gewissem Umfang – an **die Weisungen seines Arbeitgebers**, hier insbesondere an die des Regisseurs, gebunden ist. Ein Hinwegsetzen wie in diesem Fall wirkt sich auf das städtische Theater und die Stadt als ganzes rufschädigend aus. Mithin muss im Ergebnis die Kunstfreiheit des H hinter die Belange der Stadt Frankfurt zurücktreten. Das BAG hat damit in seiner Entscheidung die Gewichtung der gegenläufigen Positionen richtig vorgenommen. Das Urteil verletzt H folglich nicht in seinen Grundrechten.

Ergebnis:
Die Verfassungsbeschwerde des H ist unbegründet.

Fälle 11 und 12

Sachverhalt

Gymnasiast M aus Mainz ist 16 Jahre alt und als Punker unterwegs. Nach außen hin verleiht er seiner Lebenseinstellung durch grell gefärbte Haare, etliche Piercings und zumeist schwarze – teils zerrissene – Kleidung Ausdruck. Politisch geht es ihm darum, den „Rechten" den Kampf anzusagen. Deshalb hat er viele seiner Kleidungsstücke mit Aufnähern bestückt, die eine Faust zeigen, wie sie ein Hakenkreuz zerschlägt. Darunter findet sich der Ausspruch „Gegen Rechts". Um seinen Ansichten und Überzeugung auch in der Schule Gehör zu verschaffen, fängt M des Öfteren an, im Unterricht unaufgefordert derart mit „seinem" Thema zu provozieren, dass daraufhin – wie von ihm beabsichtigt – heftige Diskussionen entstehen, die den Unterricht nahezu zum Erliegen bringen.

Nachdem der Klassenlehrer den M mehrfach vergebens aufgefordert hat, sich mit seinen Provokationen zurückzuhalten und auch schriftliche Verwarnungen keinen Erfolg zeigen, beschließt die Klassenkonferenz schließlich den Ausschluss des M vom Unterricht für die Dauer von einer Woche.

Diese Maßnahme stützt sie auf § 55 I SchulG RLP. Dagegen geht M – vertreten durch seine Eltern – gerichtlich vor. Er ist der Meinung, es gehöre in den Unterricht, auch politisch brisante Themen kontrovers zu diskutieren. Außerdem fänden die Schüler diese Art des Unterrichts viel interessanter als das, was der Lehrplan vorschreibe. Mit seinen Rechtsmitteln bleibt M in allen Instanzen erfolglos.

Fall 11: Ist die daraufhin erhobene Verfassungsbeschwerde des M zulässig?

Fall 12: Wäre sie begründet?

§ 55 I SchulG RLP:
Ein Schüler kann auf Zeit oder auf Dauer von der Schule ausgeschlossen werden, wenn der Verbleib in der Schule eine ernstliche Gefahr für die Erziehung, die Sicherheit oder die Unterrichtung der anderen Schüler bedeutet. Die Gefahr für die Unterrichtung der anderen Schüler ist insbesondere dann gegeben, wenn der Verbleib des Schülers den Schulfrieden so beeinträchtigen würde, dass die Aufrechterhaltung eines geordneten Schulbetriebes nicht mehr gewährleistet werden könnte.

Lösung Fall 11:

Die Verfassungsbeschwerde könnte zulässig sein.

1. Statthaftigkeit

Das BVerfG ist nach Art. 93 I Nr. 4a GG i. V. m. §§ 13 Nr. 8a, 23, 90 ff. BVerfGG für Verfassungsbeschwerden zuständig.

2. Beschwerdefähigkeit

M müsste auch beschwerdefähig sein. Beschwerdefähig ist gemäß § 90 I BVerfGG "jedermann", d.h. jeder, der Träger von Grundrechten ist. M ist eine natürliche Person und deutscher Staatsangehöriger und somit Träger von Grundrechten. M ist damit beschwerdefähig.

3. Prozessfähigkeit

M müsste prozessfähig sein, also fähig, die Grundrechte prozessual geltend machen zu können, Prozessfähig ist jeder, der voll geschäftsfähig ist, bei Minderjährigen bestimmt sich die Prozessfähigkeit nach der „Grundrechtsmündigkeit". Es stellt sich damit die Frage, ab wann M grundrechtsmündig ist.

Geht man von einer gleitenden Altersgrenze aus, wäre bei Minderjährigen die Grundrechtsmündigkeit grundsätzlich von ihrer individuellen Einsichts- und Entscheidungsfähigkeit abhängig. Dabei hat für die Ausübung höchstpersönlicher Rechte der Grundsatz zu gelten, dass der zwar noch Unmündige, aber schon Urteilsfähige die ihm um seiner Persönlichkeit Willen zustehenden Rechte eigenständig ausüben kann.

Geht man hingegen von einer starren Altersgrenze aus, ist von einer **Grundrechtsmündigkeit bei den Grundrechten, die an die menschliche Existenz anknüpfen, stets gegeben** (z.B. Recht auf Leben). Anders wäre es bei Grundrechten, deren Ausübung auch von der Fähigkeit abhängt, privatrechtliche Geschäfte abzuschließen (z.B. Berufsfreiheit) Die Prozessfähigkeit des M muss vorliegend vor dem Hintergrund der Geltendmachung der Verletzung der Meinungsfreiheit betrachtet werden.

Es ist davon auszugehen, dass 16-jährige Jugendliche generell in Bezug auf die Meinungsfreiheit eine individuelle Einsichts- und Entscheidungsfähigkeit aufweisen. Dies gilt auch für den speziellen Fall des M. Folglich ist eine Streitentscheidung entbehrlich, da M in jedem Fall prozessfähig ist, unabhängig davon, ob man eine starre oder eine gleitende Altersgrenze zugrunde legt.

4. Beschwerdegegenstand

Weiterhin müsste ein tauglicher Beschwerdegegenstand nach § 90 I BVerfGG vorliegen. Beschwerdegegenstand kann jede Maßnahme der öffentlichen Gewalt sein, vgl. § 90 I BVerfGG. Darunter fallen Akte der vollziehenden Gewalt (Exekutive), der Rechtsprechung (Judikative) und der Gesetzgebung (Legislative). Vorliegend wendet sich M gegen das letztinstanzliche Urteil des Bundesverwaltungsgerichts, das seinen Ausschluss aus dem Unterricht bestätigt hat. Das Urteil ist damit tauglicher Beschwerdegegenstand.

> Anmerkung: Beschwerdegegenstand kann grundsätzlich auch das Urteil des VG oder des OVG sein; in der Klausur ist aber regelmäßig „nur" das Urteil des BVerwG als Beschwerdegegenstand zu nennen.

5. Beschwerdebefugnis

Fraglich ist, ob M auch beschwerdebefugt ist. Dazu müsste er gemäß § 90 I BVerfGG behaupten, durch das Urteil in einem seiner Grundrechte verletzt zu sein. Es muss dabei sachlich die Möglichkeit einer Rechtsverletzung bestehen, durch die er selbst, gegenwärtig und unmittelbar betroffen ist. Vorliegend kommt eine Verletzung der Meinungsfreiheit aus Art. 5 I 1 Hs. 1 GG und der allgemeinen Handlungsfreiheit aus Art. 2 I GG in Betracht.

Als direkter Adressat eines noch nicht erledigten Hoheitsaktes ist M auch **selbst**, **gegenwärtig** und **unmittelbar** betroffen. Die Gegenwärtigkeit ergibt sich dabei aus dem Umstand, dass eine Wiederholungsgefahr besteht. Problematisch könnte allerdings sein, dass M seine Äußerungen als Schüler während des Unterrichts abgegeben hat. M könnte sich damit in einem **sog. besonderen Gewaltverhältnis** befinden, was zur Folge hätte, dass die Grundrechte innerhalb dieser Sonderbeziehung zwischen Staat und Bürger keine Wirkung entfalten.

Es ist aber mit den Wertungen des Grundgesetzes – hier insbesondere mit Art. 1 III GG – nicht zu vereinbaren, dass aufgrund eines besonderen Verhältnisses ein grundrechtsfreier Raum entsteht. Folglich können sich auch Schüler auf Grundrechte berufen. M ist daher beschwerdebefugt.

6. Erschöpfung des Rechtswegs, § 90 II 1 BVerfGG

Nach dem Sachverhalt hat M den Rechtsweg ausgeschöpft, da er in letzter Instanz vor dem Bundesverwaltungsgericht mit seiner Klage abgewiesen worden ist.

7. Form und Frist

Mangels gegenteiliger Angaben im Sachverhalt ist davon auszugehen, dass M bei Erhebung der Verfassungsbeschwerde die Vorschriften der §§ 23 I, 92 BVerfGG und die einmonatige Frist des § 93 I S.1 BVerfGG eingehalten hat.

Ergebnis:
Die Verfassungsbeschwerde des M ist zulässig.

Lösung Fall 12:
Gemäß Art. 93 I Nr. 4a GG ist die Verfassungsbeschwerde begründet, wenn die Entscheidung des Bundesverwaltungsgerichts M in seinen Grundrechten verletzt. Das Bundesverfassungsgericht ist keine Superrevisionsinstanz. Es prüft nur die Verletzung spezifischen Verfassungsrechts, d.h. ob die Entscheidung auf einer verfassungswidrigen Norm beruht, ob Prozessgrundrechte missachtet wurden oder ob Grundrechte übersehen oder ihre Gewichtung fehlerhaft vorgenommen wurde.

1. Meinungsfreiheit Art. 5 I 1 Hs. 1 GG
In Betracht kommt zunächst eine Verletzung der Meinungsfreiheit aus Art. 5 I 1 Hs. 1 GG.

Hinweis: Eine genaue Zitierweise erfreut nicht nur jeden Korrektor, sondern hilft auch Ihnen als Verfasser einer Klausur genau zu arbeiten.

a) Schutzbereich
Der Schutzbereich müsste eröffnet sein. Art. 5 I 1 Hs. 1 GG ist ein Jedermann-Grundrecht und schützt das Recht auf freie Meinungsäußerung. **Unter Meinung versteht man jedes Werturteil, d.h. jede Äußerung, die durch die Elemente der Stellungnahme, des Dafürhaltens oder Meinens im Rahmen einer geistigen Auseinandersetzung geprägt ist.** Dabei kommt es nicht auf den Wert, die Richtigkeit oder Vernünftigkeit der Äußerung an.

Vorliegend bekundet M immer wieder seine ablehnende Haltung gegenüber den politisch „Rechten". In seinen Äußerungen ist eine klare Stellungnahme im Rahmen einer geistigen Auseinandersetzung zur Politik und dem Gedankengut der „Rechten" zu erkennen. Damit macht M vorliegend von seiner Meinungsfreiheit Gebrauch. Der Schutzbereich des Art. 5 I 1 Hs. 1 GG ist folglich eröffnet.

b) Eingriff
Weiterhin müsste auch ein Eingriff in den Schutzbereich vorliegen. Darunter versteht man jede hoheitliche Maßnahme, die dem Einzelnen ein Verhalten, das in den Schutzbereich eines Grundrechts fällt, erschwert oder verhindert. Nach dem Sachverhalt wurde M für die Dauer von einer Woche vom Unterricht ausgeschlossen. Damit wurde es ihm unmöglich gemacht, weiterhin in der Schule zu provozieren und so seine Meinung kundzutun. Mithin liegt ein Eingriff in Art. 5 I 1 Hs. 1 GG vor.

c) Verfassungsrechtliche Rechtfertigung
Der Eingriff könnte aber verfassungsrechtlich gerechtfertigt sein. Dies ist dann der Fall, wenn er von den Schranken des betroffenen Grundrechts gedeckt ist.

aa) Schranke der Meinungsfreiheit
Für die Grundrechte aus Art. 5 I GG gilt der qualifizierte Gesetzesvorbehalt aus Art. 5 II GG. Danach wird die Meinungsfreiheit durch die allgemeinen Gesetze, die Bestimmungen zum Schutz der Jugend und durch das Recht der persönlichen Ehre beschränkt. Vorliegend könnte die **Schranke der allgemeinen Gesetze** einschlägig sein.

Dies sind solche Bestimmungen, die sich nicht gegen eine bestimmte Meinung als solche richten, sondern dem Schutz eines höherrangigen Rechtsgutes dienen, also dem Schutz eines Gemeinschaftswertes, der gegenüber der Meinungsfreiheit Vorrang hat.

> Hinweis: Die Wechselwirkungslehre besagt im Prinzip nichts anderes, als dass das einschränkende Gesetz verhältnismäßig sein muss, was ohnehin bei jedem Schrankengesetz zwingend ist. Trotzdem ist in der Klausur an dieser Stelle der Begriff der Wechselwirkungslehre/-theorie unverzichtbar.

Vorliegend kommt § 55 I SchulG RLP als allgemeines Gesetz in Betracht. Die Norm verbietet nicht eine Meinung als solche und dient darüber hinaus der Aufrechterhaltung eines geordneten Schulbetriebs, der über Art. 7 I GG ebenso wie die Meinungsfreiheit mit Verfassungsrang ausgestattet ist.

bb) Damit ist § 55 I SchulG RLP taugliche Schranke der Meinungsfreiheit des M.

c) Verfassungsmäßigkeit des § 55 I SchulG
Allerdings muss der grundrechtsbeschränkende Gesetzgeber selbst gewissen Schranken unterliegen, den sog. Schranken-Schranken. Diese bestehen darin, dass das einschränkende formelle Gesetz sowie der sich auf dieses Gesetz stützende Einzelakt verfassungsmäßig sein müssen.

aa) Formelle Verfassungsmäßigkeit
Mangels gegenteiliger Angaben im Sachverhalt ist von der formellen Verfassungsmäßigkeit des § 55 I SchulG RLP auszugehen.

bb) Materielle Verfassungsmäßigkeit
Darüber hinaus müsste die Norm auch materiell verfassungsmäßig sein. Dies ist sie dann, wenn sie verhältnismäßig ist. Dabei ist das einschränkende Gesetz so

auszulegen, dass die besondere Wertigkeit der Meinungsfreiheit beachtet wird, sog. Wechselwirkungslehre. Das **legitime Ziel** der Bestimmung ist der Schutz der Rechtspositionen der anderen Schüler, hier insbesondere der Aufrechterhaltung eines geordneten Unterrichts.

Zur Erreichung dieses Ziels ist die Norm auch **geeignet** und **erforderlich**. Fraglich ist aber, ob sie angemessen ist. Dagegen spricht, dass die Norm es dem betroffenen Schüler gänzlich unmöglich macht, sich während des Ausschlusses in irgendeiner Weise in der Schule zu äußern. Folglich könnte dadurch der Schutzgehalt des Art. 5 I 1 Hs. 1 GG ausgehöhlt werden.

Andererseits finden sich im Tatbestand des § 55 I SchulG **unbestimmte Rechtsbegriffe**, die in der Zusammenschau mit dem als Rechtsfolge normierten Ermessen jedenfalls im Einzelfall eine verfassungskonforme Auslegung ermöglichen. Im Ergebnis beachtet damit das Schrankengesetz die hohe Wertigkeit der Meinungsfreiheit und ist daher als allgemeines Gesetz i.S.d. Art. 5 II GG verfassungskonforme Schranke der Meinungsfreiheit.

cc) Verfassungsmäßigkeit des Verwaltungsakts

Weiterhin ist zu prüfen, ob auch der Einzelakt in Form des Ausschlusses verhältnismäßig und damit verfassungsmäßig ist. Hierbei ist nur zu prüfen, ob Grundrechte übersehen oder ihre Gewichtung fehlerhaft vorgenommen wurde. **Legitimer Zweck** des Ausschlusses ist auch hier die Aufrechterhaltung eines geordneten Unterrichts. Zur Erreichung dieses Ziels ist der Ausschluss auch **geeignet**. Fraglich ist aber, ob der Ausschluss auch **erforderlich** ist, d.h. ob kein gleichermaßen geeignetes, aber milderes Mittel zur Verfügung steht. Offensichtlich haben sogar schriftliche Mahnungen bei M keinen Erfolg gezeigt. Auch die Versetzung in eine Parallelklasse scheint wenig Erfolg versprechend. Mithin ist der Ausschluss des M auch erforderlich.

Schließlich müsste der Ausschluss auch **angemessen** sein, d.h. der angestrebte Erfolg darf nicht außer Verhältnis zur Schwere des Grundrechtseingriffs stehen. **Folglich kommt es einerseits auf die Wertigkeit des verfolgten Ziels, andererseits auf die Wertigkeit der beeinträchtigten Grundrechtsposition sowie auf die Intensität des Grundrechtseingriffs an.**

Einerseits ist die Meinungsfreiheit des Art. 5 I 1 Hs. 1 GG als sog. Kommunikationsgrundrecht ein für den demokratischen Staat **elementarer Grundpfeiler**, dem größte Bedeutung beizumessen ist. M hat mehrfach mit verbalen Äußerungen auf die nach seiner Ansicht bestehenden Missstände in der politischen Klasse aufmerksam gemacht, womit er von seiner Meinungsfreiheit Gebrauch gemacht hat. Andererseits hat er bewusst seine Meinungsfreiheit dafür eingesetzt, den Unterricht zu stören oder gar zum völligen Erliegen zu bringen. Der Auffassung des M, derartige Diskussionen gehörten in die Schule, ist zuzugestehen, dass politische Diskussionen durchaus ihren Platz im Unterricht haben sollten.

Dennoch sind dafür spezielle Fächer – wie etwa Sozialkunde – vorgesehen, denen auch ein gewisses pädagogisches Konzept zugrunde liegt. In jedem Fall kann es **weder** den einzelnen Lehrern **noch** den Mitschülern zugemutet werden, **andauernde Störungen des Unterrichts** hinzunehmen. Vor diesem Hintergrund scheint es gerechtfertigt, die Meinungsfreiheit des M aus Art. 5 I 1 Hs. 1 GG hinter dem staatlichen Erziehungsauftrag aus Art. 7 I GG zurücktreten zu lassen. Der Ausschluss aus dem Unterricht war somit verhältnismäßig.

Ergebnis: Der Eingriff in die Meinungsfreiheit des M in Form des Ausschlusses ist verfassungsrechtlich gerechtfertigt. M ist damit nicht in seinem Grundrecht aus Art. 5 I 1 Hs. 1 GG verletzt.

II. Art. 2 I GG

Die allgemeine Handlungsfreiheit aus Art. 2 I GG stellt ein sog. Auffanggrundrecht dar, das **grundsätzlich zurücktritt**, sobald der Schutzbereich eines anderen, spezielleren Grundrechts eröffnet ist. Dadurch, dass vorliegend bereits der Schutzbereich des Art. 5 I 1 Hs. 1 GG eröffnet ist, kann eine Prüfung der Verletzung des Art. 2 I GG **dahinstehen**.

Endergebnis:

Die Verfassungsbeschwerde des M ist zulässig, aber unbegründet. Sie wird keinen Erfolg haben.

Sachverhalt

Der Landesverband der N-Partei, organisiert als nicht rechtsfähiger Verein, plant anlässlich des 1. Mai eine Veranstaltung in einem Gebäude im Hoheitsgebiet des Landkreises D. Ihre Mitglieder macht die Partei auf die Veranstaltung in der Weise aufmerksam, dass sie per E-Mail Newsletter verschickt und in der parteiinternen Zeitschrift „Das wahre Volk" auf den Termin hinweist.

In den Anzeigen heißt es: "Kameraden, kommt nach D. Der Historiker B hat zugesagt, anlässlich unserer Veranstaltung: „Sind deutsche Politiker im Ausland durch die deutsche Geschichte noch immer erpressbar?" einen Vortrag zum Thema „Judenverfolgung" zu halten und auszuführen, warum der deutschen Bevölkerung immer wieder vorgelogen wird, wir hätten während des zweiten Weltkrieges Juden vernichtet und es hätte Konzentrationslager gegeben. Diese Lüge ist nicht hinnehmbar und historisch falsch. Deutsche Politiker sollten aufhören, sich durch diese Unwahrheiten durch ausländische Mächte erpressen zu lassen".

Die Texte sind auf weißem Hintergrund geschrieben und in rot eingefasst. Als Schriftform wurde eine schwarze, altdeutsche Schrift gewählt. Der Redner ist der rechten Szene zuzuordnen und einschlägig vorbestraft.

Die für Versammlungsrecht zuständige Behörde erfährt zufällig noch vor Beginn der Veranstaltung von der geplanten Rede und legt der Partei durch formell ordnungsgemäßen Verwaltungsakt auf, durch geeignete Maßnahmen dafür Sorge zu tragen, dass in der Versammlung über die Verfolgung der Juden insoweit nicht gesprochen wird, als diese Verfolgung geleugnet oder bezweifelt wird. Der Verwaltungsakt wird auf § 5 Nr. 4 des Versammlungsgesetzes gestützt. Vor dem Beginn der Redeveranstaltung soll auf die Strafbarkeit derartiger Redebeiträge (§§ 185, 189, 194 StGB) hingewiesen, eventuelle Redebeiträge sofort unterbunden und ggf. die Versammlung unterbrochen oder aufgehoben werden.

Hintergrund der Reaktion der Behörde ist, dass es auf ähnlichen Veranstaltungen der Partei wiederholt zur Begehung von Straftaten nach den genannten Vorschriften kam. So wurde beispielsweise in einer Veranstaltung der Holocaust stark beschönigt und als im Vergleich mit den Opfern des deutschen Volkes durch alliierte Bombenangriffe geringfügiges Vergehen eingestuft. In dem Landkreis sind zudem einige jüdische Einwohner ansässig. Die Behörde möchte ihre Einwohner vor Beleidigungen schützen.

Klagen gegen den Verwaltungsakt werden letztinstanzlich abgewiesen. Der Landesverband erhebt, vertreten durch seinen Vorstand, Verfassungsbeschwerde beim Bundesverfassungsgericht.

Es ist davon auszugehen, dass im Fall der öffentlichen Leugnung der Judenverfolgung sowie der Massenvernichtung in Konzentrationslagern die genannten Straftatbestände erfüllt sind.

Hat die Klage der Partei Aussicht auf Erfolg? Es ist nur auf die Begründetheit der Klage einzugehen. Bei der Prüfung von Art. 8 GG ist nur auf den Schutzbereich einzugehen. **Nehmen Sie zudem an, dass die Länder bisher keine eigenen Versammlungsgesetze erlassen haben.**

Lösung

Frage 1:

Die Klage der N-Partei ist begründet, wenn der angefochtene Verwaltungsakt die Vereinigung in ihren Grundrechten verletzt. Das Bundesverfassungsgericht ist keine Superrevisionsinstanz. Es prüft nur die Verletzung spezifischen Verfassungsrechts, d.h. ob die Entscheidung auf einer verfassungswidrigen Norm beruht, ob Prozessgrundrechte missachtet wurden oder ob Grundrechte übersehen oder ihre Gewichtung fehlerhaft vorgenommen wurde.

I. Art. 8 GG

Der angefochtene Verwaltungsakt könnte die Partei in ihrem Recht auf Versammlungsfreiheit verletzt haben.

1. Schutzbereich

Dazu müsste zunächst der Schutzbereich der Norm eröffnet sein. **Eine Versammlung ist eine örtliche Zusammenkunft mehrerer Personen zur gemeinschaftlichen, auf die Teilhabe an der öffentlichen Meinungsbildung gerichteten Erörterung oder Kundgebung.** An dem geplanten Zusammentreffen werden voraussichtlich mehr als drei Personen teilnehmen, so dass der Schutzbereich eröffnet sein könnte. Im vorliegenden Sachverhalt werden der Partei durch die zuständige Behörde verschiedene Pflichten auferlegt.

So soll die N-Partei durch geeignete Maßnahmen dafür Sorge tragen, dass in der Versammlung über die Verfolgung der Juden insoweit nicht gesprochen wird, als diese Verfolgung geleugnet oder bezweifelt wird. Vor dem Beginn der Redeveranstaltung soll auf die Strafbarkeit derartiger Redebeiträge (§§ 185, 189, 194 StGB) hingewiesen, eventuelle Redebeiträge sofort unterbunden und ggf. die Versammlung unterbrochen oder aufgehoben werden.

Die von der Behörde vorgeschriebenen Auflagen zielen somit **direkt auf die Versammlung ab** und beeinflussen deren Durchführung. Allerdings beziehen sich die Auflagen auf im Verwaltungsakt **genau bezeichnete Meinungsäußerungen**. Die Versammlung ist nur dann betroffen, wenn die genannten Äußerungen vorgenommen werden.

2. Aus diesem Grund ist das Grundrecht der Versammlungsfreiheit nicht einschlägig und wird von Art. 5 I GG verdrängt. Der Schutzbereich des Art. 8 I GG ist nicht eröffnet.

II. Art. 5 I Var.1 GG

Es könnte durch die staatliche Maßnahme das Grundrecht auf Meinungsfreiheit aus Art. 5 I Var.1 GG betroffen sein.

1. Schutzbereich

Der Schutzbereich der Meinungsfreiheit müsste eröffnet sein. Die N-Partei müsste eine Meinung geäußert haben. Meinungen sind die subjektiven Beziehungen des Einzelnen zum Inhalt seiner Aussage, für die das Element der Stellungnahme und des Dafürhaltens kennzeichnend ist. Ob Tatsachenäußerungen die Voraussetzungen erfüllen, ist umstritten.

Nach einer Auffassung steht bei Tatsachenäußerungen die objektive Beziehung zwischen der Äußerung und der Realität im Vordergrund. Da Tatsachen einer Überprüfung des Wahrheitsgehaltes zugänglich sind, fielen deshalb nur insoweit in den Schutzbereich des Art. 5 GG, als sie als Grundlage für die Meinungsbildung dienten. Tatsachen sollen jedenfalls dann keine Meinungen darstellen, wenn sie bewusst oder erwiesen unwahr seien.

Die Äußerung, Judenverfolgung habe in Deutschland nicht stattgefunden, ist isoliert betrachtet als erwiesen **unwahre Tatsachenbehauptung** zu beurteilen. Aus dem Kontext, besonders aus dem in der Zeitschrift benannten Veranstaltungsmotto, deutsche Politiker sollten sich nicht mehr erpressen lassen, lässt die Partei eine **Wertung der Tatsachen** erkennen. Diese liegt darin, deutsche Politiker würden sich durch die deutsche Geschichte ein schlechtes Gewissen einreden lassen und deshalb Zugeständnisse machen.

Auch nach der erstgenannten Auffassung ist der Schutzbereich des Grundrechts auf Meinungsfreiheit bei Äußerung von bewusst oder erwiesen unwahren Tatsachen erfüllt, wenn sie in einem wertenden Kontext geäußert werden.
Aus diesen Gründen ist der Schutzbereich nach dieser Auffassung eröffnet.

Nach der Gegenauffassung ist auch **bei erwiesen unwahren Tatsachenbehauptungen** der Schutzbereich des Art. 5 I 1 GG eröffnet. Die Vertreter dieser Ansicht führen an, die Eröffnung des Schutzbereichs führe noch nicht zu einem Schutz der in Frage stehenden Äußerung selbst. Dieser ergäbe sich erst nach Prüfung der Grundrechtsschranken. Es bestehe somit kein Grund, erwiesen unwahre Tatsachenbehauptungen aus dem Schutzbereich auszuscheiden.

Eine Entscheidung zwischen den Ansichten kann vorliegend dahinstehen, da sie zum gleichen Ergebnis kommen. Folglich ist der sachliche Schutzbereich der Meinungsfreiheit eröffnet.

Fraglich ist, ob sich der Landesverband, organisiert als nicht rechtsfähiger Verein, **als juristische Person auf das Grundrecht berufen kann, Art. 19 III GG**. Danach muss das Grundrecht dem Wesen nach auf die juristische Person anwendbar sein. Das Grundrecht der Meinungsfreiheit steht inländischen juristischen Personen jedenfalls dann zu, wenn und soweit durch sie eine Gruppe von Menschen als solche eine Meinung zum Ausdruck bringt.

Der nichtrechtsfähige Verein ist die zivilrechtliche Organisationsform, die von der N-Partei gewählt wurde**. Eine Partei existiert grundsätzlich gerade aus dem Grund, um eine Meinung zu repräsentieren und die Mitglieder zu diesem Zweck zu organisieren**. Aus diesem Grund kann sich die N-Partei als juristische Person auf das Grundrecht der Meinungsfreiheit berufen.

Der Schutzbereich des Art. 5 I 1 GG ist damit eröffnet.

2. Eingriff

In den Schutzbereich des Grundrechts müsste eingegriffen worden sein. Ein Eingriff ist jeder Akt öffentlicher Gewalt, welcher dem Einzelnen ein Verhalten, das in den Schutzbereich eines Grundrechts fällt, erschwert oder unmöglich macht.

Während der Versammlung plant die Partei eine Rede des Historikers B, der zwar eine Rede in eigener Verantwortlichkeit hält, die jedoch die Auffassung der Partei unterstreicht. Der Inhalt der Rede betrifft die systematische Vernichtung von Juden während des Zweiten Weltkrieges in Konzentrationslagern. Dieses historische Faktum soll als falsch hingestellt und die Untaten geleugnet werden. **Durch die Maßnahmen der Behörde wird der Vortrag in der geplanten Form verhindert.**

Wegen des Hinweises auf Straftatbestände vor Veranstaltungsbeginn werden die Besucher auf mögliche Vergehen hingewiesen. Zudem ist die Partei verpflichtet, die Veranstaltung abzubrechen, wenn es zu den im Verwaltungsakt genannten Äußerungen kommt. Die Partei richtet aber gerade die Veranstaltung aus, um die Judenverfolgung zu leugnen. Diese Meinung, die sie vertritt, kann sie nicht mehr verbreiten, wenn sie sich an die Auflagen hält. Somit ist ein Eingriff in das Grundrecht auf Meinungsfreiheit festzustellen.

3. Verfassungsrechtliche Rechtfertigung

Der Eingriff könnte verfassungsrechtlich gerechtfertigt sein. Dies ist der Fall, wenn die Ermächtigungsgrundlage die Schrankenvoraussetzungen erfüllt, die Ermächtigungsgrundlage selbst verfassungskonform ist und auch der auf ihr basierende Verwaltungsakt verfassungsgemäß ist.
Das Grundrecht auf Meinungsfreiheit wird unter Vorbehalt der Schranken des Art. 5 II GG gewährt. **Dabei ist das einschränkende Gesetz so auszulegen, dass die besondere Wertigkeit der Meinungsfreiheit beachtet wird, sog. Wechselwirkungslehre.**

> Hinweis: Die Wechselwirkungslehre besagt im Prinzip nichts anderes, als dass das einschränkende Gesetz verhältnismäßig sein muss, was ohnehin bei jedem Schrankengesetz zwingend ist. Trotzdem ist in der Klausur an dieser Stelle der Begriff der Wechselwirkungslehre/-theorie unverzichtbar.

a) § 5 Nr.4 VersG als Schranke

Ermächtigungsgrundlage für die Einschränkungen des Grundrechts ist § 5 Nr. 4 des Versammlungsgesetzes. Fraglich ist, ob diese Norm, die auf das Strafgesetzbuch verweist, den Schrankenanforderungen genügt. Der § 5 Nr. 4 des Versammlungsgesetzes stellt **keine eigenständige Einschränkung** des Grundrechts auf Meinungsfreiheit dar. Diese Wirkung tritt durch die §§ 185, 189, 194 StGB ein, die bestimmte Äußerungen mit Strafe bedrohen. Die strafrechtlichen Normen mussten somit den Schrankenanforderungen genügen.

b) §§ 185, 189, 194 StGB als Schranke

Die strafrechtlichen Normen könnten allgemeine Gesetze darstellen. Fraglich ist, was mit dem Begriff „allgemein" gemeint ist. Wie der Begriff der "allgemeinen Gesetze" zu verstehen, ist umstritten.

Nach der Sonderrechtslehre sind "allgemeine Gesetze" nur diejenigen Vorschriften, die sich nicht gegen eine bestimmte Meinung als solche richten, nicht eine Meinung als solche verbieten. § 185 StGB verbietet gezielt Meinungsäußerungen beleidigenden Charakters allein wegen ihrer geistigen

Zielsetzungen. Diese Vorschrift richtet sich gegen eine Meinung als solche und verbietet diese Meinung als solche. § 185 StGB ist ein zum Schutze der Ehre erlassenes Sonderrecht und stellt damit nach der Sonderrechtstheorie kein allgemeines Gesetz i.S.d. Art. 5 II GG dar.

Die **Abwägungslehre** versteht unter "allgemeinen Gesetzen" alle Gesetze, die deshalb Vorrang vor Art. 5 I 1 GG haben, weil das von ihnen geschützte Gut wichtiger ist als die Meinungsäußerung. Der dem § 185 StGB zugrunde liegende persönliche Ehrenschutz muss als prinzipiell höherrangig eingestuft werden als das Recht der Meinungsfreiheit. Der Abwägungslehre zufolge ist § 185 StGB ein "allgemeines Gesetz".

Das Bundesverfassungsgericht kombiniert beide Lehren (sog. "Kombinationsformel") und konstatiert, allgemeine Gesetze seien solche, die nicht eine Meinung als solche verbieten, die sich nicht gegen die Äußerung der Meinung als solche richten, die vielmehr dem Schutze eines schlechthin, ohne Rücksicht auf eine bestimmte Meinung, zu schützenden Rechtsguts dienen, dem Schutze eines Gemeinschaftswerts, der gegenüber der Betätigung der Meinungsäußerung den Vorrang hat. Aufgrund des abstrakten Vorrangs des Ehrenschutzes vor der Meinungsfreiheit ist § 185 StGB ein allgemeines Gesetz.

Da die vorstehend dargelegten Auffassungen im vorliegenden Fall zu unterschiedlichen Ergebnissen führen, **muss der Meinungsstreit entschieden werden**. Der Abwägungslehre kommt dieselbe Bedeutung zu wie sonst der Angemessenheit. Sie vermag dem Begriff der allgemeinen Gesetze keine eigenständige Bedeutung beizumessen. Weiter kann diese Lehre die Schranken des Ehren- und Jugendschutzes nicht verständlich machen. Gesetze zum Schutze der Jugend und der Ehre sind Sonderrecht, denn sie beschränken oder verbieten Meinungsäußerungen wegen ihrer geistigen Zielrichtung und Wirkung und werden daher neben den "allgemeinen Gesetzen" gesondert aufgeführt. **Nur nach der Sonderrechtslehre haben diese Schranken einen spezifischen Sinn.** Aus diesen Gründen ist der Sonderrechtslehre zu folgen.

Die Beleidigungstatbestände der §§ 185, 189, 194 StGB knüpfen an bestimmte Äußerungen an und stellen somit Sonderrecht dar. Für bestimmte Gruppen von Meinungsäußerungen, nämlich solche, die die Ehre der Betroffenen herabsetzen, werden Strafen angedroht. **Die §§ 185, 189, 194 StGB stellen somit keine allgemeinen Gesetze dar.**

Fraglich ist, ob die §§ 185, 189, 194 StGB die **Schranke des Rechts der persönlichen Ehre** erfüllen. Unter Ehre wird der Achtungs- und Geltungsanspruch gegenüber der Allgemeinheit, der von der Rechtsordnung zu schützen ist, verstanden. Unter das Recht der persönlichen Ehre fallen alle Regelungen, die sich dem Ehr- und Persönlichkeitsrechtsschutz im weitesten Sinne annehmen. Die §§ 185, 189, 194 StGB schützen die persönliche Ehre, da sie für die Verletzung der Ehre eines Individuums eine strafrechtliche Reaktion vorsehen. Die §§ 185, 189, 194 StGB erfüllen somit die Voraussetzungen der Schranke des Rechts auf persönliche Ehre.

Die Ermächtigungsgrundlage **erfüllt** die also die Schrankenvoraussetzungen.

c) Verfassungsmäßigkeit des Versammlungsgesetzes
Das Versammlungsgesetz muss verfassungskonform sein. Es ist zu beachten, dass dem Bundesgesetzgeber seit der Föderalismusreform (in Kraft getreten am dem 1. September 2006, BGBl. I 2006, S. 2034) durch die Änderung des § 74 I Nr.3 GG keine Bundesgesetzgebungskompetenz für das Versammlungsgesetz mehr zusteht. Da das Versammlungsgesetz aber ein Bundesgesetz ist, könnte es verfassungswidrig geworden sein. **Allerdings bestimmt Art. 125a S. 1 GG, dass das (Bundes-) Versammlungsgesetz fort gilt, bis die Landesgesetzgeber neue Versammlungsgesetze erlassen. Damit ist das Versammlungsgesetz verfassungsgemäß.**

An der Verfassungsmäßigkeit der Strafvorschriften bestehen, ausgehend vom Sachverhalt, ebenfalls keine Bedenken. Die Ermächtigungsgrundlage des Verwaltungsaktes ist verfassungsgemäß.

d) Verfassungsmäßigkeit des Verwaltungsaktes
Der Verwaltungsakt muss verfassungsgemäß sein. Dazu muss die Maßnahme einen legitimen Zweck verfolgen, geeignet, erforderlich und angemessen sein.

aa) Legitimer Zweck
Die Behörde müsste zu einem legitimen Zweck gehandelt haben. Die Behörde handelt, um die jüdischen Einwohner vor Beleidigungen zu schützen und das Verunglimpfen des Andenkens Verstorbener zu unterbinden. Somit handelt die Behörde zu einem legitimen Zweck.

bb) Geeignetheit
Der Verwaltungsakt müsste geeignet sein, um dieses Ziel zu erreichen. Geeignet ist ein Eingriff, wenn der angestrebte Zweck zumindest gefördert wird. Der Verwaltungsakt zwingt die Partei dazu, bestimmte Aussagen zu unterbinden. Schon

vor Beginn der Veranstaltung muss die Partei darauf achten, dass bestimmte Meinungen nicht geäußert werden. **Die durch die genannten Straftatbestände geschützten Rechtsgüter werden bei Befolgung der Auflagen nicht verletzt.** Durch die Kontrolle der Redeinhalte kann die Behörde ihr Ziel erreichen, Beleidigungen und Verunglimpfungen schon im Vorfeld zu vermeiden.

cc) Erforderlichkeit

Der Verwaltungsakt müsste erforderlich sein. Erforderlich ist er, wenn es kein milderes, gleich geeignetes Mittel gibt. Das mildeste Mittel ist also jenes, mit welchem der Zweck bestmöglich bei geringster Eingriffsintensität erreicht wird. Die Behörde hätte abwarten können, ob es zu den erwarteten Straftaten kommt und dann Strafverfahren einleiten können. Die strafrechtliche Verfolgung ändert allerdings nichts daran, dass die Rechtsgüter verletzt wurden. **Die Auflagen, die die Behörde angeordnet hat, sind eine deutlich weniger einschneidende Maßnahme als ein Versammlungsverbot.** Mildere und gleich wirksame Mittel sind nicht zu erkennen. Der Verwaltungsakt ist erforderlich.

dd) Angemessenheit

Der Verwaltungsakt müsste angemessen sein. Dies ist dann der Fall, wenn der Eingriff und der mit dem Eingriff verfolgte Zweck in richtig gewichtetem und wohl abgewogenem Verhältnis zueinander stehen. Gegen die Angemessenheit scheint zu sprechen, dass die Behörde auf dem **Feld der präventiven Gefahrenabwehr** tätig wurde und es **noch nicht** zu Rechtsgutverletzungen kam. Dieses Argument kann damit entkräftet werden, dass an die Umstände, die die Behörde zu einem Einschreiten ermächtigen, hohe Anforderungen zu stellen sind. Namentlich müssen im vorliegenden Fall die festgestellten Tatsachen, auf deren Vorliegen die Behörde ihr Vorgehen stützt, erkennen lassen, dass eine Rechtsgutverletzung höchstwahrscheinlich ist.

Im vorliegenden Sachverhalt ergibt sich insbesondere **aus dem Wortlaut der Einladung** und der Gestaltung, dass auf der Veranstaltung rechtes Gedankengut verbreitet werden soll. **Dies reicht grundsätzlich aus, um das Handeln der Behörde zu rechtfertigen.** Der Redner ist zudem einschlägig vorbestraft. Dass in der Veranstaltung die Judenverfolgung geleugnet und somit die genannten Straftaten begangen werden, ist somit höchst wahrscheinlich. Da die Partei selbst zu dieser Veranstaltung einlud, ist auch davon auszugehen, dass sie diese Ansichten selbst vertritt. Für diese Auffassung spricht auch, dass es auf Veranstaltungen der Partei **schon mehrfach zu Beleidigungen** kam. Die Partei trägt nichts vor, was auf eine Gesinnungsänderung oder auch nur Abstandnahme von den Beleidigungen schließen lassen könnte.

Der Achtungsanspruch eines Menschen wurzelt in der Menschenwürde und reicht über den Tod hinaus. **Bezüglich Schmähkritik ist anerkannt, dass die Meinungsfreiheit grundsätzlich hinter dem Achtungsanspruch einer Person zurücktritt.** Schmähkritik soll dann vorliegen, wenn die Meinungsäußerung jenseits auch polemischer und überspitzter Kritik in der Herabsetzung der Person besteht. Wenn in diesen Fällen die Meinungsfreiheit zurückstehen muss, dann muss dieses Ergebnis erst Recht für den vorliegenden Sachverhalt gelten. Die Leugnung der Judenverfolgung und des Holocausts während der Zeit des Nationalsozialismus greift, wie die Schmähkritik, **in den Achtungsanspruch aller verfolgten Juden ein**. Im Gegensatz zur Schmähkritik sind die Tatsachen, die geäußert werden, zusätzlich ganz offensichtlich und historisch unbestritten - jedenfalls von ernstzunehmenden Historikern - falsch. Diese Form der Meinungsäußerung ist weniger schutzwürdig, als eine überzogene, aber jedenfalls nicht auf erwiesen falsche Tatsachen gestützte Kritik.

Zudem hat der Ehrschutz als Bestandteil des Schutzes der Persönlichkeit Verfassungsrang. Aus diesen Gründen ist der Verwaltungsakt auch im Vergleich zu dem angestrebten Ziel angemessen.

Ergebnis: Der Verwaltungsakt verletzt die N-Partei nicht in ihrem Grundrecht auf Meinungsfreiheit. Eine Verfassungsbeschwerde wäre unbegründet und hätte somit keine Aussicht auf Erfolg.

Fall 14

Sachverhalt

Die Germanistikstudenten Hubertus, Felix und Ise planen, am 20.12. vor dem Hauptgebäude der Universität Münster eine Demonstration gegen Studiengebühren durchzuführen. Schon Wochen vorher lassen sie Flyer drucken und verteilen diese an die anderen Studenten. Ferner bemalen sie große Transparente mit Aufschriften wie „Kostenloses Studium für alle" und „Studiengebühren sind der Untergang Deutschlands".
Hubertus meldet die Demonstration am 15.12. bei der zuständigen Behörde mit der Angabe an, er sei Leiter der Veranstaltung.

Wie geplant findet die Demonstration am 20.12. statt. Die Studenten marschieren zunächst friedlich über den Campus, grölen ihre Meinung in die Runde und schwenken ihre Transparente. Nach einiger Zeit kommt jedoch ein kleines Polizeiaufgebot vorbei. Die Polizisten verweisen die Studenten vom Campus mit dem Hinweis, die Demo sei „nicht ordnungsgemäß" durchgeführt worden. Es seien schon Flyer verteilt worden, bevor die Veranstaltung angemeldet wurde. Dies stelle einen Verstoß gegen § 14 I VersG dar.
Hubertus entgegnet, er habe die Demo angemeldet und ein Recht darauf diese nun auch durchzuführen. Die Maßnahme der Polizei sei nur ein weiterer Beweis für „die Ausbeutung der Studenten".

Liegt eine Grundrechtsverletzung vor? Gehen Sie davon aus, dass die Bundesländer bisher keine eigenen Versammlungsgesetze erlassen haben.

Lösung:

Im vorliegenden Fall kommt eine Verletzung der Versammlungsfreiheit gemäß Art. 8 I GG in Betracht.

1. Schutzbereich

Zunächst müsste der persönliche Schutzbereich eröffnet sein. Träger des Grundrechtes aus Art. 8 I GG sind alle Deutschen. Mangels gegenteiliger Sachverhaltsangaben ist davon auszugehen, dass Hubertus Deutscher ist, so dass der persönliche Schutzbereich eröffnet ist.

Weiterhin müsste auch der sachliche Schutzbereich eröffnet sein. Dieser umfasst den Schutz von Versammlungen. Eine Versammlung ist eine örtliche Zusammenkunft mehrerer Personen zur gemeinschaftlichen, auf die Teilhabe an der öffentlichen Meinungsbildung gerichteten Erörterung oder Kundgebung. Wichtiges Merkmal ist, dass ihnen eine verbindende Struktur zukommt, dies unterscheidet sie von einer bloßen Ansammlung. Eine Demonstration wie im vorliegenden Fall erfüllt grundsätzliches das Merkmal der verbindenden Struktur. Der sachliche Schutzbereich ist also ebenfalls eröffnet.

2. Eingriff

In diesen Schutzbereich müsste eingegriffen worden sein. Eingriff ist jede staatliche Maßnahme, die eine Handlung, die in den Schutzbereich fällt, erschwert oder verhindert. Bei Art. 8 GG sind dies alle rechtlichen und faktischen Maßnahmen, welche die Vorbereitung, Durchführung, An- oder Abreise behindern. Sowohl das Versammlungsgesetz als auch die polizeilichen Maßnahmen stellen einen solchen Eingriff da.

3. Verfassungsrechtliche Rechtfertigung

Fraglich ist, ob dieser Eingriff verfassungsrechtlich gerechtfertigt ist.

a) Verfassungsmäßigkeit des Versammlungsgesetzes

Das Versammlungsgesetz, auf dem die polizeilichen Verwaltungsakte basieren, muss verfassungskonform sein.

aa) Formelle Verfassungsmäßigkeit des Versammlungsgesetzes

Es ist zu beachten, dass dem Bundesgesetzgeber seit der Föderalismusreform (in Kraft getreten am dem 1. September 2006, BGBl. I 2006, S. 2034) durch die Änderung des § 74 I Nr.3 GG keine Bundesgesetzgebungskompetenz für das Versammlungsgesetz mehr zusteht. Da das Versammlungsgesetz aber ein Bundesgesetz ist, könnte es verfassungswidrig geworden sein. **Allerdings bestimmt Art. 125a S. 1 GG, dass das (Bundes-) Versammlungsgesetz fort gilt, bis die Landesgesetzgeber neue Versammlungsgesetze erlassen.** Damit ist das Versammlungsgesetz formell verfassungsgemäß.

bb) Materielle Verfassungsmäßigkeit

Allerdings müsste es auch materiell verfassungsgemäß sein. Art. 8 I GG steht unter dem **Gesetzesvorbehalt von Art. 8 II GG**, nach dem eine Einschränkung durch oder auf Grund eines Gesetzes möglich ist. Dies gilt jedoch nur, wenn es sich um eine Versammlung unter freiem Himmel handelt. Dies ist dann der Fall, wenn die Versammlung einen Kontakt zu Außenwelt aufweist. Vorliegend haben sich die Studenten vor dem Hauptgebäude ihrer Universität zusammengefunden. Ein Kontakt zur Außenwelt ist daher gegeben.

Somit greift der Gesetzesvorbehalt nach Art. 8 II GG ein. Eine Beschränkung durch oder auf Grund eines Gesetzes ist möglich. Vorliegend ist dies das Versammlungsgesetz, namentlich die §§ 14, 15 VersG.

(1) Legitimer Zweck

Fraglich ist, ob das Gesetz einem legitimen öffentlichen Zweck dient. Hier geht es um die Sicherung und Wahrung der öffentlichen Ordnung. Dies stellt einen solchen Zweck dar.

(2) Geeignetheit

Das Gesetz müsste auch geeignet sein, diesen Zweck zu erreichen. Dies ist zu bejahen, wenn der Zweck zumindest gefördert wird. Eine Demonstration von bestimmten Auflagen abhängigen zu machen und notfalls die Demonstration aufzulösen fördert den oben bezeichneten Zweck.

(3) Erforderlichkeit

Fraglich ist aber, ob das Gesetz auch erforderlich ist. Das ist dann der Fall, wenn kein Eingriff, der weniger belasten würde, zur Erreichung des Zweckes ebenso geeignet wäre. Ein solcher Eingriff ist jedoch nicht zu erkennen. Damit ist die Maßnahme auch erforderlich.

(4) Angemessenheit

Schließlich müsste der Eingriff auch angemessen sein. Die rechtzeitige Anmeldung einer Demonstration ist wichtig zur Gewährleistung der ordnungsgemäßen Durchführung, insbesondere wenn eine Absperrung von Straßen oder die Umleitung des Verkehrs notwendig ist. Auch müssen die Behörden koordinieren können, wenn mehr als eine Versammlung zur gleichen Zeit am selben Ort geplant ist. Folglich ist das Gesetz angemessen und daher verfassungsgemäß.

b) Verfassungsmäßigkeit des Verwaltungsakt

Fraglich ist allerdings, ob die konkrete Maßnahme, hier also das Verwaltungshandeln der Polizei durch den Platzverweis der Demonstranten, verfassungsgemäß war.

aa) Legitimer Zweck

Fraglich ist, ob die Verweisung einem legitimen öffentlichen Zweck dient. Hier geht es um die Wahrung der öffentlichen Sicherheit und Ordnung in Form des Versammlungsgesetzes. Die Verhinderung einer nicht ordnungsgemäßen Versammlung im Sinne des Gesetzes stellt einen legitimen Zweck dar.

bb) Geeignetheit

Die Verweisung müsste auch geeignet sein, diesen Zweck zu erreichen. Dies ist zu bejahen, wenn der Zweck zumindest gefördert wird. Eine Demonstration von bestimmten Auflagen abhängigen zu machen und notfalls die Demonstration aufzulösen fördert den oben bezeichneten Zweck.

cc) Erforderlichkeit

Fraglich ist aber, ob die Verweisung als Polizeimaßnahme auch erforderlich ist. Das ist dann der Fall, wenn kein Eingriff, der weniger belasten würde, zur Erreichung des Zweckes ebenso geeignet wäre. Sollte die Versammlung nicht ordnungsgemäß durchgeführt worden sein, ist ein solcher weniger belastender Eingriff nicht zu erkennen. Damit ist die Maßnahme auch erforderlich.

dd) Angemessenheit

Schließlich müsste der Eingriff auch angemessen sein. Die ordnungsgemäße Durchführung einer Demonstration ist notwendig zur Aufrechterhaltung der öffentlichen Sicherheit und Ordnung. Die Verteilung von Flyern *vor* der Anmeldung der Demonstration ist *durch* die Anmeldung geheilt. **Dieser kleine formelle Fehler im Vorfeld kann nicht während der Versammlung an sich zur Maßnahme der Verweisung führen.** Die Versammlung verläuft friedlich. Eine Gefährdung der Schutzgüter der Öffentlichen Sicherheit und Ordnung ist nicht gegeben. Das Einschreiten der Polizei ist nicht angemessen.

Ergebnis: Folglich ist das polizeiliche Handeln in Form der Verweisung verfassungswidrig und die Verfassungsbeschwerde ist begründet.

Fall 15

Sachverhalt

Um die überquellende Anzahl von Apotheken zu stoppen, erlässt der zuständige Gesetzgeber am 1. September 2012 ein neues Gesetz. Dieses sieht vor, dass Pharmazeuten ab dem 1. Januar 2013 erst dann eine eigene Apotheke eröffnen dürfen, wenn sie zuvor mindestens zehn Jahre in einer anderen, bereits bestehenden Apotheke angestellt waren.

Josef K., der soeben sein Studium abgeschlossen hat und nun seine eigene Apotheke im Herzen der Stadt eröffnen wollte, fühlt sich dadurch massiv in seiner beruflichen Freiheit eingeschränkt. Hätte er dies vor Beginn seines Studiums gewusst, hätte er einen anderen Studiengang gewählt. Daher bittet er Sie, die Möglichkeit einer Verfassungsbeschwerde zu prüfen. (Auf Fragen der Zulässigkeit ist nicht einzugehen; zu prüfen ist nur die Begründetheit).

Lösung:

Die Verfassungsbeschwerde ist begründet, wenn der Beschwerdeführer durch den angegriffenen Akt der öffentlichen Gewalt in einem Grundrecht verletzt ist. Im vorliegenden Fall kommt eine Verletzung der Berufsfreiheit gemäß Art. 12 I, II GG in Betracht.

1. Schutzbereich

Zunächst müsste der Schutzbereich eröffnet sein. Träger des Grundrechtes aus Art. 12 I GG sind alle Deutschen. Mangels gegenteiliger Sachverhaltsangaben ist davon auszugehen, dass Josef K. Deutscher ist. Somit ist der persönliche Schutzbereich eröffnet. **Der sachliche Schutzbereich umfasst die Berufswahl- und Berufsausübungsfreiheit.**

Art. 12 GG ist insofern ein einheitliches Grundrecht. Die Begriffe "Wahl" und "Ausübung" des Berufes lassen sich nicht so trennen, dass jeder von ihnen nur eine bestimmte zeitliche Phase des Berufslebens bezeichnete, die sich mit der andern nicht überschneidet. **Die Aufnahme der Berufstätigkeit stellt sowohl den Anfang der Berufs*ausübung* dar wie die gerade hierin - und häufig *nur* hierin - sich äußernde Betätigung der Berufs*wahl*.**

Ferner sind der in der laufenden Berufsausübung sich ausdrückende Wille zur Beibehaltung des Berufs und schließlich die freiwillige Beendigung der Berufsausübung im Grunde zugleich Akte der Berufswahl. Die beiden Begriffe erfassen den einheitlichen Komplex "berufliche Betätigung" von verschiedenen Blickpunkten her.

Ein Beruf ist eine auf Dauer angelegte Tätigkeit, die der Schaffung und Erhaltung der Lebensgrundlage dient. Ob es sich dabei notwendigerweise um eine erlaubte Tätigkeit handeln muss, ist umstritten, für den vorliegenden Fall jedoch irrelevant. Die Merkmale eines Berufs werden von der Tätigkeit als Apotheker erfüllt. Der sachliche Schutzbereich ist damit ebenfalls eröffnet.

2. Eingriff

In diesen Schutzbereich müsste eingegriffen worden sein. Ein Eingriff ist jede staatliche Maßnahme, die eine Handlung, die in den Schutzbereich fällt, erschwert oder verhindert. Hierbei ist bei Art. 12 I GG nach der Rechtsprechung des Bundesverfassungsgerichts ein Eingriff dann zu bejahen, wenn es sich um einen **Eingriff mit objektiv berufsregelnder Tendenz** handelt. Pharmazeuten, die nicht 10 Jahre als Angestellte in einer Apotheke gearbeitet haben, ist der Betrieb einer eigenen Apotheke untersagt. Eine objektiv berufsregelnde Tendenz ist deshalb hier zu bejahen.

Im Rahmen der Prüfung, ob ein Eingriff in Art. 12 I GG vorliegt, wird die Eingriffsintensität nach der **Drei-Stufen-Theorie** ermittelt, die das Bundesverfassungsgericht im „Apothekenurteil" entwickelt hat. **Danach wird differenziert zwischen Beschränkungen der Berufsausübung, subjektiven Berufszulassungsbeschränkungen und objektiven Zulassungsbeschränkungen.**

Bei Eingriffen in die Berufsausübung wird die Art und Weise der beruflichen Tätigkeit geregelt. Dies bedeutet, dass der Betroffene seinen Beruf grundsätzlich ausüben darf, bei der Berufsausübung allerdings bestimmten Einschränkungen unterworfen ist. Zulassungsbeschränkungen hingegen machen es dem Betroffenen unmöglich, den Beruf überhaupt auszuüben.

Von subjektiven Zulassungsbeschränkungen spricht man, wenn der Betroffene **Einfluss auf die Erfüllung der Voraussetzungen zum Berufszugang hat**, also etwa bei Fragen der Qualifikation. Objektive Zulassungsbeschränkungen liegen vor, wenn die Ausübung eines Berufes untersagt wird, ohne dass der Betroffene dieses Verbot beeinflussen kann, also etwa Bedürfnisklauseln.

Vorliegend soll es Pharmazeuten erschwert werden, sich selbstständig zu machen, indem an die Dauer einer bisherigen Anstellung angeknüpft wird. Dies ist ein in der Person liegendes Kriterium.

Eine **subjektive Zulassungsbeschränkung** und damit auch ein Eingriff liegen vor.

3. Verfassungsrechtliche Rechtfertigung

Fraglich ist, ob dieser Eingriff verfassungsrechtlich gerechtfertigt ist. Dazu müsste das erlassene Gesetz formell und materiell verfassungsgemäß sein.

a) Formelle Verfassungsmäßigkeit

Mangels gegenteiliger Angaben im Sachverhalt ist die formelle Verfassungsmäßigkeit des Gesetzes zu unterstellen.

b) Materielle Verfassungsmäßigkeit

Das Gesetz müsste auch materiell verfassungsgemäß sein.
Art. 12 GG steht unter dem Gesetzesvorbehalt von Art. 12 I 2 GG, wonach eine Einschränkung durch oder auf Grund eines Gesetzes möglich ist. Dies ist vorliegend der Fall. Das Gesetz muss einen legitimen Zweck verfolgen, geeignet, erforderlich und angemessen sein, wobei die Besonderheiten der subjektiven Zulassungsbeschränkungen zu beachten sind.

aa) Legitimer Zweck

Fraglich ist, ob das Gesetz einem legitimen öffentlichen Zweck dient. Die Regelung soll einer schrankenlosen Vermehrung der Zahl der Apotheken, die in ihrer Auswirkung eine Verschlechterung der Arzneimittelversorgung bedeuten würde, vorbeugen, indem aus gesundheitspolitischen Gründen eine Grenze für die Errichtung neuer Apotheken gesetzt wird.

Die Sicherstellung der Arzneimittelversorgung der Bevölkerung und der Schutz der Volksgesundheit sind legitime Zwecke.

bb) Geeignetheit

Das Gesetz müsste auch geeignet sein, diese Zwecke zu erreichen. Dies ist zu bejahen, wenn der Zweck zumindest gefördert wird. Wenn es weniger Apotheken gibt, ist der **Wettbewerbsdruck im sensiblen Gesundheitsmarkt geringer** und die Gefahren für die Arzneimittelversorgung sind weniger wahrscheinlich. Eine Erschwerung der Eröffnung einer neuen Apotheke fördert die vorgesehenen Zwecke und ist daher grundsätzlich geeignet.

cc) Erforderlichkeit

Fraglich ist aber, ob das Gesetz auch erforderlich ist. Das ist dann der Fall, wenn kein Eingriff, der weniger belasten würde, zur Erreichung des Zweckes ebenso geeignet wäre. Das Gesetz macht die Ausübung von in der Person liegenden Kriterien abhängig. Folglich liegt eine subjektive Zulassungsbeschränkung vor.

Es ist die **Drei-Stufen-Lehre** des Bundesverfassungsgerichts zu beachten. Eine Regelung ist in diesem Sinne dann nicht mehr erforderlich, wenn auch ein Eingriff auf niedrigerer Stufe möglich wäre. Dann nämlich liege eine **niedrigere Eingriffsintensität** vor. Es ist also zu prüfen, ob eine Berufsausübungsregelung ausreichend wäre. Da jedoch die Anzahl der Apotheken konstant gehalten werden soll, wäre eine Regelung die festlegt, wie der Beruf des Apothekers ausgeübt werden soll, unzureichend.

Folglich ist eine subjektive Zulassungsbeschränkung erforderlich.

dd) Angemessenheit

Schließlich müsste der Eingriff auch angemessen sein. Es ist also abzuwägen zwischen den geschützten Rechtspositionen der Betroffenen einerseits und den zu schützenden Rechtsgütern andererseits. Dabei spielt auch hier die Drei-Stufen-Theorie eine bedeutende Rolle. Je nach Intensität des Eingriffs müssen nämlich auch umso gewichtigere Gemeinwohlbelange vorhanden sein, die einen solchen Eingriff als angemessen erscheinen lassen.

Eingriffe in die Berufsausübung sind schon dann verhältnismäßig, wenn vernünftige Erwägungen zugunsten des Allgemeinwohls die Beschränkung als zweckmäßig erscheinen lassen.

Subjektive Zulassungsbeschränkungen sind nur dann abgemessen, wenn sie dem Schutz eines wichtigen Gemeinschaftsgutes vor Gefahren dienen. Solche wichtigen Gemeinschaftsgüter sind z.B. die Volksgesundheit, die Sicherheit und Leichtigkeit des Verkehrs u. ä.

Objektive Zulassungsschranken sind nur zu rechtfertigen, wenn sie der Abwehr nachweisbarer oder höchst wahrscheinlicher, also konkreter Gefahren, für ein überragend wichtiges Gemeinschaftsgut mit Verfassungsrang dienen. Die Sicherung der Leistungsfähigkeit der Arzneimittelversorgung und des Gesundheitssystems sind Gemeinwohlaufgaben von hohem Rang. Die Apotheken stehen hinsichtlich ihrer gesetzlichen Verpflichtungen In Bezug auf Vorratshaltung, Rezeptpflicht, Güteprüfung, Einhaltung bestimmter Preise, Beschäftigung qualifizierten Personals, ständiger Dienstbereitschaft usw. vor großen Herausforderungen. Die Freigabe der Gründung neuer Apotheken wird zu einer starken Vermehrung der Apotheken führen. Die starke Vermehrung der Apotheken an einzelnen Orten wird einen scharfen Konkurrenzkampf zur Folge haben, der die wirtschaftliche Leistungsfähigkeit vieler Apotheken empfindlich schmälern wird.
Gibt es zu viele Apotheken, entsteht dadurch ein ruinöser Wettbewerb und es herrscht eine Überversorgung.

Jedoch ist auch zu beachten, dass die Pharmazie-Studenten, so auch Josef K., auf die bisherige Regelung vertraut haben. Unter Umständen hätten Sie unter den neuen Bedingungen das Studium nicht begonnen.

Unter diesem Aspekt des Vertrauensschutzes ist daher zumindest eine Regelung, welche schon in vier Monaten und ohne Übergang eingreifen soll, sehr überraschend. Hier müsste ein weitaus größerer Zeitraum als Übergangsphase gewählt werden.

Außerdem sind die von dem Gesetz vorgesehenen zehn Jahre eine zu strenge Regelung. Ohne weitere gesetzliche Zulassungsschranken wird die Arzneimittelversorgung weiterhin gewährleistet bleiben.

Viele Staaten haben ein liberales Apothekenzulassungssystem und sind nicht mit Problemen der Arzneimittelversorgung konfrontiert. Angesichts der hohen Anfangsinvestitionen für den Betrieb einer Apotheke ist auch nicht zu befürchten, dass die Zahl der Apotheken ausufert. **Es ist nicht anzunehmen, dass bei Erreichung einer gewissen Sättigung in den Städten planlos weitere Neugründungen vorgenommen werden.**

Wirtschaftliche Erwägungen werden dem entgegenwirken und die Bewerber veranlassen, sich weniger versorgten Gebieten zuzuwenden. Schließlich ist auch anzumerken, dass bereits strenge Vorschriften für die Erteilung einer Betriebserlaubnis für eine neu zu errichtende Apotheke bestehen.

Folglich ist das Gesetz nicht angemessen und der Eingriff daher nicht gerechtfertigt.

Ergebnis:
Das Gesetz ist verfassungswidrig und die Verfassungsbeschwerde begründet.

Sachverhalt

Nachdem Michael Maier (M) gerade das Abitur mit der Note 1,5 bestanden hat, will er baldmöglichst mit dem Medizinstudium beginnen. Allerdings möchte er nicht in seiner Heimatstadt Frankfurt bleiben, sondern gerne nach Hamburg ziehen, nicht zuletzt, um das spannende Nachtleben in der Hansestadt kennen zu lernen.

Seine Bewerbung wird aber von der Uni Hamburg abgelehnt. Als Begründung wird genannt, die Zahl der Bewerber übersteige die der zur Verfügung stehenden Studienplätze im Fach Medizin. Wegen des starken Anstiegs an Bewerbern seien die Kapazitäten zwar schon mit großem finanziellem Aufwand ausgeweitet worden; dennoch reiche dies bei weitem nicht aus, um alle Bewerber zu berücksichtigen. Bei der notwendigen Auswahl sei nach dem geltenden Landesgesetz über die Zulassung zum Medizinstudium neben anderen Kriterien vorrangig auf die Abiturnote abzustellen. Dabei müsse dem Gesetz entsprechend aber eine Abwertung eines nicht in Hamburg abgelegten Abiturs um eine Notenstufe erfolgen. Deshalb sei M trotz seiner eigentlich sehr guten Note nur auf der Nachrückerliste gelandet.

M fühlt sich durch die Ablehnung in seinen Grundrechten aus Art. 3 und Art. 12 GG verletzt. Er ist überzeugt, dass die Hansestadt Hamburg verpflichtet sei, zusätzliche Studienplätze im Fach Medizin zu schaffen. Überdies hält er die Auswahlregelung für willkürlich.

Nachdem M den Rechtsweg erschöpft hat, erhebt er form- und fristgerecht Verfassungsbeschwerde beim BVerfG.

Prüfen Sie die Erfolgsaussichten in Bezug auf die Zulässigkeit (Fall 16) und die Begründetheit (Fall 17)

Lösung:

Die Verfassungsbeschwerde des M hat Erfolg, wenn sie zulässig und begründet ist.

Fall 16

1. Statthaftigkeit

Das BVerfG ist gemäß Art. 93 I Nr. 4a GG für die Entscheidung über eine Verfassungsbeschwerde zuständig, wenn es um die Verletzung eines Grundrechts aus dem Grundgesetz geht. Werden Verstöße gegen die in einer Landesverfassung normierten Grundrechte gerügt, steht (auch) der Weg zu den Landesverfassungsgerichten offen. Vorliegend ist aber dem Sachverhalt nicht zu entnehmen, dass M sich in Grundrechten einer Landesverfassung verletzt fühlt. Somit ist das BVerfG gemäß Art. 93 I Nr. 4a GG, §§ 13 Nr. 8a, 90 BVerfGG für die Verfassungsbeschwerde des M zuständig.

2. Beschwerdefähigkeit

Beschwerdefähig ist nach Art. 93 I Nr. 4a GG jedermann, d.h. jede natürliche oder juristische Person, die Träger von Grundrechten sein kann. M ist als natürliche Person damit beschwerdefähig.

3. Beschwerdegegenstand

Beschwerdegegenstand ist gemäß Art. 93 I Nr. 4a GG jeder Akt der öffentlichen Gewalt. Vorliegend wendet M sich gegen das letztinstanzliche Urteil als Akt der Judikative.

4. Beschwerdebefugnis

Der Beschwerdeführer ist nach Art. 93 I Nr. 4a GG beschwerdebefugt, wenn er behauptet, durch einen Akt der öffentlichen Gewalt in einem seiner Grundrechte verletzt zu sein. Das bedeutet, nach seinem substantiierten Vortrag darf eine Verletzung in einem dieser Rechte **nicht offensichtlich ausgeschlossen** sein.

Das ist der Fall, wenn der Beschwerdeführer **selbst, gegenwärtig und unmittelbar** betroffen ist. M macht vorliegend geltend, durch die Ablehnung seiner Bewerbung in seinem Grundrecht aus Art. 12 GG verletzt zu sein. Daneben rügt er eine durch das Auswahlverfahren herbeigeführte Verletzung des Gleichheitssatzes aus Art. 3 I GG. Die Grundrechtsverletzungen sind jedenfalls nicht offensichtlich auszuschließen. Auch ist M selbst, gegenwärtig und unmittelbar betroffen.

5. Rechtswegerschöpfung

Der Rechtsweg ist nach § 90 II BVerfGG grundsätzlich erst erschöpft, wenn der Beschwerdeführer alle prozessualen Möglichkeiten zur Beseitigung der Grundrechtsverletzung in Anspruch genommen hat. Nach dem Sachverhalt hat M den Rechtsweg erschöpft.

6. Form und Frist

M hat die Verfassungsbeschwerde form- und fristgerecht eingereicht, §§ 23 I S. 1, 92, 93 I BVerfGG.

Ergebnis: Die Verfassungsbeschwerde des M ist damit zulässig.

Fall 17: Begründetheit
Die Verfassungsbeschwerde des M ist begründet, wenn er in einem seiner Grundrechte verletzt ist. Das Bundesverfassungsgericht ist keine Superrevisionsinstanz. Es prüft nur die Verletzung spezifischen Verfassungsrechts, d.h. ob die Entscheidung auf einer verfassungswidrigen Norm beruht, ob Prozessgrundrechte missachtet wurden oder ob Grundrechte übersehen oder ihre Gewichtung fehlerhaft vorgenommen wurde.

I. Grundrechtsverletzung durch das Unterlassen der Schaffung weiterer Studienplätze
M könnte dadurch, dass die Hansestadt Hamburg es unterlässt, weitere Studienplätze im Fach Medizin zu schaffen, in seinem Grundrecht aus Art. 12 I GG verletzt sein. Dies ist dann der Fall, wenn M einen Anspruch aus den Grundrechten auf Schaffung weiterer Studienplätze hat.

1. Anspruch des M aus Art. 12 I GG
Ein entsprechender Anspruch könnte sich aus dem Grundrecht der Berufsfreiheit des Art. 12 I GG ergeben. Voraussetzung wäre erstens, dass der konkrete Sachverhalt in den Regelungsbereich des Art. 12 I GG fällt und zweitens, dass dieser dem M ein Leistungsrecht mit dem gewünschten Inhalt gewährt.

a) Schutz des Art. 12 I GG
Der vorliegende Sachverhalt müsste dem Regelungsbereich des Art. 12 I GG unterfallen. Diese Vorschrift regelt die Berufsfreiheit als einheitliches Grundrecht. Zu ihrem Gewährleistungsinhalt zählt deshalb auch das Recht, die Ausbildungsstätte frei zu wählen. Ausbildungsstätten sind Einrichtungen, die – über die Vermittlung allgemeiner Schulbildung hinaus – der Vorbereitung auf die Ausübung bestimmter Berufe oder Berufsgruppen dienen.

Da Hauptzweck des Studiums der Erwerb theoretischer und praktischer Kenntnisse ist, fallen die Universitäten unter den Oberbegriff der Ausbildungsstätten. Damit ist vorliegend der Schutzbereich des Art. 12 I GG sachlich eröffnet. Ferner gehört M als natürliche Person auch zu den Trägern des Grundrechts aus Art. 12 I GG.

b) Leistungsrecht aus Art. 12 I GG
Fraglich ist aber, ob das Recht, die Ausbildungsstätte frei zu wählen, ein Leistungsrecht umfasst, aus dem M den Anspruch auf Schaffung von Studienplätzen ableiten kann. **Soweit nämlich M eine derartige Verpflichtung der Hansestadt Hamburg geltend macht, fordert er mehr als er aus dem Grundrecht der Berufsfreiheit in seiner Funktion als Abwehrrecht herleiten kann**. Vorliegend

geht es M nämlich nicht um die Abwehr eines staatlichen Eingriffs in eine bestehende Rechtsposition *(status negativus).* **M verlangt vielmehr von der Hansestadt Hamburg eine positive, ihn begünstigende Handlung.** Zu klären ist damit, inwiefern Grundrechte überhaupt einen derartigen *status positivus* vermitteln.

Grundsätzlich liegt der funktionale Schwerpunkt der Grundrechte in der Konstellation als Abwehrrecht. Bei genauerer Betrachtung scheint es allerdings nur dann möglich zu sein, ein **Freiheitsrecht auch wirklich in Anspruch nehmen zu können, wenn die tatsächlichen Voraussetzungen für eben diese Inanspruchnahme durch den Staat geschaffen werden.**

Je stärker der Staat sich der sozialen Sicherung und kulturellen Förderung der Bürger zuwendet, desto mehr tritt im Verhältnis zwischen Bürger und Staat neben das ursprüngliche Postulat grundrechtlicher Freiheit vor dem Staat die komplementäre Forderung nach Teilhabe an staatlichen Leistungen.

Grundrechte garantieren danach nicht nur das „rechtliche Dürfen", sondern auch das „faktische Können". Dies gilt insbesondere dann, **wenn der Staat ein faktisches, nicht beliebig aufgebbares Monopol für sich in Anspruch genommen hat**.

Im vorliegenden Fall ist das Studium der Medizin faktisch unabdingbare Voraussetzung für die spätere Ausübung des Arztberufs. **Ein Arbeitsmarkt für Ärzte ohne Universitätsstudium existiert nicht.**

Der Zugang zum Studium ist für M daher notwendige Voraussetzung, um sein Grundrecht aus Art. 12 GG ausüben zu können. Da aber in Deutschland das Medizinstudium nur an staatlichen Universitäten absolviert werden kann, ist die Ausbildung zum Mediziner damit an entscheidender Stelle staatlich monopolisiert. Ein Leistungsrecht ist damit grundsätzlich gegeben.

Es scheint jedoch nicht mit der Verfassung vereinbar, aus einem **Leistungsrecht** unmittelbar auch einen Anspruch für jedermann herzuleiten. Vielmehr müssen hierzu noch **weitere Bedingungen** erfüllt sein. So wird vertreten, dass erst dann ein durchsetzbarer Anspruch bestehen kann, wenn die Verletzung eines dahingehenden Verfassungsauftrags evident ist.

Des Weiteren muss sich der Anspruch im Rahmen des **Möglichen** halten, d.h. er beschränkt sich auf das, was der Einzelne vernünftigerweise von der Gesellschaft beanspruchen kann. Vielmehr würde es dem Gebot sozialer Gerechtigkeit, das sich im Gleichheitssatz konkretisiert, zuwiderlaufen, die nur begrenzt verfügbaren öffentlichen Mittel unter Vernachlässigung anderer wichtiger Gemeinschaftsbelange bevorzugt einem Teil der Bevölkerung zugute kommen zu lassen.

Folglich kommt es vorliegend darauf an, **ob die Bemühungen der Hansestadt Hamburg so unzureichend sind, dass von einer evidenten Verletzung der grundrechtlichen Pflichten auszugehen ist**. Nach dem Sachverhalt hat man in letzter Zeit bereits die Kapazitäten im Fach Medizin deutlich erweitert. Trotzdem reichen die Plätze nicht für alle Bewerber aus.

Es ist aber für die Verantwortlichen nicht absehbar, ob dieser Trend anhält oder ob die Zahl der Bewerber für ein Medizinstudium möglicherweise auch wieder sinkt. Im Sinne einer nachhaltigen Finanz- und Bildungspolitik kann daher nicht wahllos in die Schaffung von Studienplätzen einer bestimmten fachlichen Ausrichtung investiert werden. Eine evidente Pflichtverletzung ist somit nicht feststellbar.

M hat daher im Ergebnis keinen Leistungsanspruch auf Schaffung von zusätzlichen Studienplätzen aus Art. 12 I GG.

II. Grundrechtsverletzung des S durch die Auswahlregelung des Landesgesetzes

M könnte ferner durch die Auswahlregelung des Landesgesetzes, das die Hansestadt Hamburg erlassen hat, in seinen Grundrechten verletzt sein.

1. Art. 12 I i. V. m. Art. 3 I GG

Vorliegend kommt eine Verletzung des Gleichheitssatzes aus Art. 3 I GG i.V.m. dem betroffenen Grundrecht der Berufsfreiheit aus Art. 12 I GG in Betracht. Diese ist gegeben, wenn wesentlich Gleiches ohne sachlichen Grund ungleich behandelt wird.

a) Gleich- bzw. Ungleichbehandlung

aa) Bewerber hanseatischer Herkunft sind nicht in ihrem Grundrecht aus Art. 12 I i.V.m. 3 I GG eingeschränkt.

bb) Bewerber aus anderen Bundesländern sind durch die Herunterstufung in ihrem Grundrecht aus Art. 12 I i.V.m. 3 I GG eingeschränkt.

cc) Fraglich ist, ob beide Personengruppen unter einem gemeinsamen Oberbegriff, **dem Bezugspunkt**, zusammengefasst werden können. Nur wenn dies der Fall ist, kann von „wesentlich Gleichem" gesprochen werden. Hier sind beide Personengruppen Bewerber für Studienplätze. Das ist ein gemeinsamer Oberbegriff. Folglich können beide Personengruppen unter einem Bezugspunkt zusammengefasst werden.

2. Rechtfertigung der Ungleichbehandlung

aa) Kompetenz- und verfahrensgemäßes Zustandekommen der Auswahlregelung ist gegeben.

bb) Es muss einen sachlichen Grund für die Ungleichbehandlung geben. Bei Ungleichbehandlungen geringerer Intensität beschränkt sich die gerichtliche Rechtfertigungsprüfung auf eine Evidenzkontrolle („Willkürformel"). Hier ist eine Ungleichbehandlung mit Grundrechtsauswirkung gegeben. Damit liegt eine größere Intensität der Ungleichbehandlung vor. Hier ist eine Verhältnismäßigkeitsprüfung („Neue Formel") notwendig.

(1) Die Ungleichbehandlung müsste einen **legitimen Zweck** verfolgen. Zweck ist hier die Ungleichbehandlung von ungleichen Schulabschlüssen (in manchen Bundesländern Zentralabitur, drei statt zwei Leistungskurse, keine Abwahlmöglichkeit von Mathematik, etc.) durch Umrechung der Noten. Damit liegt ein legitimer Zweck vor.

(2) Die Auswahlregelung müsste **geeignet** sein, den Zweck zu erreichen. Die Umrechnung ist ein geeignetes Mittel, um Notenverzerrungen zu verhindern und damit geeignet.

(3) Sie müsste auch **erforderlich** sein. Das bedeutet, es darf kein milderes Mittel geben, welches ebenso gut das Ziel erreichen würde. Ein solches Mittel wäre es, nicht einheitlich alle Noten anderer Länder herabzustufen, sondern diese Stufungen nach Kriterien, wie z.B. Zentralabitur, vorzunehmen. Damit ist die Auswahlregelung nicht erforderlich.

Ergebnis: M wird durch die Auswahlregelung der Hansestadt Hamburg daher in seinem Grundrecht aus Art. 12 I GG in Verbindung mit dem allgemeinen Gleichheitssatz des Art. 3 I GG verletzt.

Sachverhalt

Lehramtsstudentin L ist gläubige Muslima und trägt aus ihrer religiösen Überzeugung heraus ein Kopftuch. L ist in Stuttgart geboren und hat die deutsche Staatsangehörigkeit. Nachdem L ihr Lehramtsstudium abgeschlossen und auch das Referendariat hinter sich gebracht hat, bewirbt sie sich für die Einstellung in den baden-württembergischen Schuldienst an Grund- und Hauptschulen.

Aufgrund ihrer guten Noten und Bewertungen wird L umgehend von der Einstellungsbehörde zu einem Vorstellungsgespräch eingeladen. Entgegen ihren Erwartungen dreht sich das Einstellungsgespräch aber nicht um Fachliches, sondern sofort um ihr Kopftuch.

L trägt vor, dass die Regeln ihres Glaubens ihr das Tragen eines Kopftuches und die damit bezweckte Verschleierung vorschreiben. Deshalb wolle und könne sie auch im Unterricht keine Ausnahme davon machen. Ihr gehe es aber keinesfalls darum, in irgendeiner Weise Einfluss auf den Glauben oder die Weltanschauung einzelner Schüler zu nehmen; vielmehr wolle sie sich religiös und weltanschaulich neutral verhalten.

Die Einstellungsbehörde kann L damit aber nicht überzeugen. Ihr wird die Aufnahme in den Schuldienst trotz ihrer guten Noten versagt. Die Behörde argumentiert, dass der Staat und seine Bediensteten zu weltanschaulicher und religiöser Neutralität verpflichtet seien.

Insbesondere gelte diese Verpflichtung für Lehrer, da der enge Kontakt zu Schülern in besonderem Maße die Gefahr in sich berge, dass die Schüler mehr als nur unerheblich beeinflusst werden. L weise daher nicht die persönliche Eignung für dieses öffentliche Amt auf.

Die Klagen der L gegen die Entscheidung der Einstellungsbehörde bleiben in allen Instanzen der Verwaltungsgerichtsbarkeit erfolglos. Sie fühlt sich durch die gerichtlichen Urteile in Art. 33 II GG sowie Art. 4 GG verletzt. Ist ihre Verfassungsbeschwerde begründet?

Lösung:
Die Verfassungsbeschwerde ist begründet, wenn L durch die letztinstanzliche Gerichtsentscheidung in einem Grundrecht oder grundrechtsgleichen Recht verletzt ist.

Die **Ablehnung der Einstellungsbehörde könnte das grundrechtsgleiche Recht der L aus Art. 33 II GG verletzen**. Danach hat jeder Deutsche nach seiner **Eignung**, **Befähigung** und **fachlichen Leistung** gleichen Zugang zu jedem öffentlichen Amt. Allerdings vermittelt die Norm keinen Anspruch auf Bekleidung eines öffentlichen Amtes, sondern **einen Anspruch auf gleiche Berücksichtigung** bei der Besetzung von offenen Stellen. Möglicherweise hat die Einstellungsbehörde vorliegend unzulässige Erwägungen bei der Stellenbesetzung angestellt.

I. Kriterien des Art. 33 II GG

Nach dem Wortlaut des Art. 33 II GG haben ausschließlich Deutsche Zugang zu öffentlichen Ämtern. L ist Deutsche i.S.d. Art. 116 GG und kann sich daher grundsätzlich auf ein öffentliches Amt bewerben.

Daneben müsste sie auch die Befähigung zur Ausübung des Lehramtes an Grund- und Hauptschulen aufweisen können sowie die erforderlichen fachlichen Leistungen erbracht haben. Nach dem Sachverhalt hat L das erforderliche Lehramtsstudium und das Referendariat absolviert und kann sogar gute Noten aufweisen. **An ihrer Befähigung und fachlichen Leistung bestehen somit keine Zweifel.**

Möglicherweise weist L aber nicht die **persönliche Eignung** für das Lehramt an Grund- und Hauptschulen auf. Die Einstellungsbehörde hat der L die Eignung aufgrund ihrer Weigerung, das Kopftuch in der Schule abzunehmen, abgesprochen. Fraglich ist daher, was unter dem Merkmal der Eignung zu verstehen ist. **Die Eignung umschreibt die körperlichen, seelischen und charakterlichen Eigenschaften einer Person.**

Mithin handelt es sich hierbei um einen unbestimmten Rechtsbegriff, der einer Auslegung durch die ihn anwendende staatliche Stelle bedarf, im vorliegenden Fall also die Einstellungsbehörde. Diese hat zwar bei der Auslegung einen gewissen Beurteilungsspielraum; dennoch müssen die Eignungskriterien jedenfalls im Einklang mit den Wertentscheidungen des Grundgesetzes stehen.

Vorliegend ist L allein aufgrund ihrer Weigerung, dass Kopftuch im Unterricht abzulegen, die Eignung zum Lehramt abgesprochen worden. Zu prüfen ist daher, ob diese Begründung im Einklang mit den Wertentscheidungen der Verfassung steht.

II. Verstoß gegen Art. 4 GG

In Betracht kommt ein Verstoß gegen die Glaubensfreiheit aus Art. 4 GG. Dies ist der Fall, wenn die Begründung der Nicht-Eignung der L einen Eingriff in Art. 4 GG darstellt, der seinerseits nicht gerechtfertigt ist.

1. Schutzbereich

Zunächst müsste der Schutzbereich des Art. 4 GG eröffnet sein. Die Glaubensfreiheit ist ein Jedermann-Grundrecht, schützt also jede natürliche Person. Fraglich ist aber, ob sich auch Beamte als Diener des Staates auf Grundrechte berufen können. Dies wird teilweise mit der Auffassung verneint, dass Grundrechte funktionelle Abwehrrechte des Bürgers gegen den Staat seien. Ein Beamter fungiere aber als eine Art Erfüllungsgehilfe des Staates – sog. Sonderrechtsverhältnis – und könne daher nicht gleichzeitig berechtigt und verpflichtet sein.

Gegen diese Auffassung spricht aber, dass **gar kein Bedürfnis besteht, Beamten grundsätzlich die Grundrechtsausübung zu verwehren.** Vielmehr entsteht dadurch ein von der Verfassung **nicht vorgesehener grundrechtsfreier Raum im Verhältnis des Staates zu seinen Beamten**.

Insbesondere bei der Glaubensfreiheit ist eine Trennung von inner- und außerdienstlicher Stellung des einzelnen Beamten nur schwer möglich. Folglich kann sich L als Anwärterin auf ein öffentliches Amt auf die Glaubensfreiheit des Art. 4 GG berufen. Der persönliche Schutzbereich ist damit eröffnet.

Es müsste auch der sachliche Schutzbereich eröffnet sein. **Sachlich schützt die Glaubensfreiheit die Freiheit, einen Glauben zu bilden und zu haben (sog. forum internum) sowie diesen Glauben zu äußern und danach zu handeln (sog. forum externum).** Unter einem Glauben versteht man dabei die Überzeugung des einzelnen von der Stellung des Menschen in der Welt und seinen Beziehungen zu höheren Mächten und tieferen Seinsschichten. Vorliegend trägt L das Kopftuch aus ihrer religiösen Überzeugung heraus. Sie verleiht dadurch ihrem muslimischen Glauben Ausdruck. Folglich ist auch der sachliche Schutzbereich der Glaubensfreiheit tangiert.

2. Eingriff

Ferner müsste ein Eingriff in die Glaubensfreiheit der L vorliegen. Unter einem Eingriff versteht man jede hoheitliche Maßnahme, die dem einzelnen ein Verhalten, das in den Schutzbereich fällt, wesentlich erschwert oder verhindert. **Vorliegend wird die Einstellung der L davon abhängig gemacht, dass sie ihr Kopftuch ablegt.** Problematisch könnte dabei sein, dass der Staat hier nicht die Freiheit der L dahingehend verkürzt, dass L das Tragen des Kopftuches per se verboten wird.

Vielmehr sucht L als Bewerberin für das Lehramt gerade die Nähe zum Staat mit der Folge, dass man in der Ablehnung lediglich eine Nichtgewährung eines Vorteils sehen könnte.

Dagegen spricht aber, dass – wie oben geprüft – **Beamte auch Grundrechtsträger** sind und sich bei Ausübung ihres Dienstes grundsätzlich auf Grundrechte berufen können. Der Grundrechtsschutz der L würde aber ausgehöhlt, wenn ihre Ablehnung mit einem Verhalten begründet werden könnte, das grundrechtlich geschützt ist. Folglich ist in der Ablehnung der Einstellungsbehörde ein Eingriff in die Glaubensfreiheit der L zu sehen.

3. Verfassungsrechtliche Rechtfertigung

Zu prüfen ist nun, ob der Eingriff möglicherweise verfassungsrechtlich gerechtfertigt ist. Dies ist der Fall, wenn er durch die Schranken des Grundrechts gedeckt ist. Fraglich ist, welche Schranken Art. 4 I, II GG hat.

Nach einer Ansicht enthalten Art. 140 GG i.V.m. Art. 136 I WRV einen einfachen Gesetzesvorbehalt, wonach die staatsbürgerlichen Pflichten der Religionsfreiheit vorgehen. Als einschränkendes Gesetz kämen vorliegend allein Normen aus dem Beamtengesetz des Landes Baden-Württemberg in Betracht. Diese enthalten aber nur allgemein gehaltene, generalklauselartig formulierte Dienstpflichten für die Beamten.

Eine ausdrückliche Bezugnahme auf das Tragen von Kopftüchern oder andere religiöse Symbole in Schulen findet sich dort nicht. **Ein Eingriff in diese Art der Religionsausübung ist aber so wesentlich, dass sie der Gesetzgeber explizit regeln muss (sog. Wesentlichkeitstheorie).** Dies ist vorliegend nicht geschehen. Folglich verstieße die Interpretation des Merkmals der Eignung aus Art. 33 II GG durch die Einstellungsbehörde gegen Art. 4 I, II GG. Nach dieser Ansicht hätte der L die Eignung für das öffentliche Amt nicht aufgrund des Tragens eines Kopftuches abgesprochen werden dürfen.

Die Gegenansicht versteht Art. 4 I, II GG als **vorbehaltloses Grundrecht**. Folglich wäre die Glaubensfreiheit nur durch verfassungsimmanente Schranken beschränkbar.

In Betracht kämen hier vor **allem Grundrechte Dritter** wie etwa die (negative) Glaubensfreiheit der Schüler aus Art. 4 I, II GG und das Erziehungsrecht der Eltern aus Art. 6 II GG. Diese verfassungsimmanenten Schranken bedürften aber einer weiteren Konkretisierung durch ein Parlamentsgesetz. Ein solches kann erneut nur aus dem Beamtengesetz Baden-Württemberg herangezogen werden.

Allerdings existiert – wie oben festgestellt – keine hinreichend wesentliche Regelung, aufgrund der das Tragen von religiösen Symbolen wie Kopftüchern in Ausübung eines öffentlichen Amtes untersagt werden könnte. Folglich könnte auch nach dieser Ansicht der L die Eignung für das Lehramt nach Art. 33 II GG **nicht abgesprochen** werden. Da beide Ansichten zum selben Ergebnis gelangen, kann der Streit über die Schranken von Art. 4 I, II GG dahinstehen.

Ergebnis: Im Ergebnis ist L durch die Ablehnung der Einstellungsbehörde in ihrem grundrechtsgleichen Recht aus Art. 33 II GG verletzt. Ihre Verfassungsbeschwerde ist daher begründet.

Sachverhalt

N eröffnet, nachdem er sein zweites Staatsexamen absolviert hat, eine Rechtsanwaltskanzlei in der wald- und seenreichen Uckermark, und zwar in Templin. Er spezialisiert sich dabei auf Forst- und Straßenverkehrsrecht. Um Kontakt zu potentiellen Mandanten herzustellen, beschließt er, eine groß angelegte Werbekampagne durchzuführen.

Zunächst tritt die Kanzlei des aus wohlhabender Familie stammenden N als Sponsorin des jährlichen "Uckermärkischen Försterballes" sowie des Templiner Erntedankfestes auf, ihr Name erscheint - wenn auch nur klein - auf Werbeplakaten und Einladungen zu diesen Veranstaltungen. Außerdem lässt er an einer Allee ein großformatiges Werbeschild aufstellen, auf dem zu lesen ist: "Wenn's mal wieder knallt - Rechtsanwalt N. Mit mir fahren Sie richtig!"

Das zuständige Gericht verurteilt N daraufhin wegen beider Aktionen aufgrund eines Verstoßes gegen § 43b Bundesrechtsanwaltsordnung (BRAO), bei der es sich um ein formelles Gesetz handelt, zu einem Bußgeld und belegt ihn mit einem Verweis. Die Verurteilung stützt sich darauf, dass die Werbung unsachlich sei: Was das Werbeschild betreffe, so sei die Werbung zynisch. Schließlich sei bekannt, dass es auf brandenburgischen Alleen zu besonders vielen Unfällen komme. Dadurch nutze N auch die Angst der Kraftfahrer aus. Das Sponsoring hingegen stehe in keinem Zusammenhang mit der anwaltlichen Tätigkeit und stelle zudem eine neuartige und damit unübliche Werbung dar. Ferner wird argumentiert, dass durch diese Formen der Werbung das Vertrauen der Rechtsuchenden in die Rechtsanwaltschaft beeinträchtigt sei, weil die Werbung sensationell und zu ungewöhnlich sei.

Rechtsmittel gegen diese Entscheidung bleiben auch in der letzten Instanz erfolglos.

N ist anderer Auffassung. Er meint, die Berufsausübungsfreiheit decke auch die Werbemaßnahmen. Zudem müsse ihm auch schon deshalb eine etwas außergewöhnlichere Werbung möglich sein, da er sonst als Neueinsteiger auf dem Markt keine Chance habe. Werde ihm diese Art der Werbung untersagt, sei ihm der Berufseinstieg faktisch verwehrt. Außerdem müsse ihm auch erlaubt sein, in zeitgemäßer Weise zu werben und dabei Ironie und Sprachwitz zu verwenden.

N hat darüber hinaus aber auch schon Zweifel daran, dass § 43b BRAO mit dem Grundgesetz zu vereinbaren ist. Schließlich könnten fast alle anderen Berufsstände uneingeschränkt werben, für ein nur eingeschränktes Werberecht bei Anwälten bestehe kein Anlass. Ein Kollege des N meint in einem Gespräch aber, die Vorschrift sei verfassungsgemäß, weil sie das Funktionieren der Rechtspflege garantiere. Außerdem müsse ein Rechtsanwalt als Organ der Rechtspflege gewisse Einschränkungen seines Werberechtes hinnehmen.

N möchte nun von Ihnen wissen, ob er vor dem Bundesverfassungsgericht zulässig (Fall 19) und begründet (Fall 20) gegen die Verurteilung vorgehen kann. Berücksichtigen Sie bitte, dass nach allgemeiner Auffassung eine Werbung dann als unsachlich i. S. v. § 43b BRAO angesehen wird, wenn die Gefahr besteht, der Anwalt werde aus Gewinnstreben zu Prozessen raten, die Sachbehandlung an Gebühreninteressen ausrichten oder wenn das Erscheinungsbild der Werbung derart im Vordergrund steht, dass ihr Inhalt weit dahinter zurück bleibt.

Nehmen Sie folgenden Gesetzeswortlaut an:

§ 43b BRAO:
Werbung ist dem Rechtsanwalt nur erlaubt, soweit sie über die berufliche Tätigkeit in Form und Inhalt sachlich unterrichtet und nicht auf die Erteilung eines Auftrags im Einzelfall gerichtet ist.
§ 1 BRAO:
Der Rechtsanwalt ist ein unabhängiges Organ der Rechtspflege.

Fall 19: Zulässigkeit

Die Verfassungsbeschwerde müsste zulässig sein.

1. Statthaftigkeit

Die Zuständigkeit des BVerfG für Verfassungsbeschwerden ergibt sich aus Art. 93 I Nr. 4a GG i. V. m. § 13 Nr. 8a BVerfGG.

2. Beschwerdegegenstand

Es müsste ein tauglicher Beschwerdegegenstand in Form eines Aktes der öffentlichen Gewalt vorliegen, Art. 93 I Nr. 4 a i. V. m. § 90 I BVerfGG. Solche Akte können auch gerichtliche Entscheidungen sein. Da N sich gegen eine solche wendet, liegt ein tauglicher Beschwerdegegenstand vor.

3. Beteiligtenfähigkeit

N ist als jedermann beteiligtenfähig, Art. 93 I Nr. 4a GG i. V. m. § 90 I BVerfGG.

4. Beschwerdebefugnis

N muss substantiiert geltend machen, in Grundrechten verletzt zu sein. Hier kommt zumindest eine Verletzung des Grundrechts aus Art. 12 I GG in Betracht. Eine

Verletzung dieses Grundrechts erscheint möglich. N ist auch selbst, gegenwärtig und unmittelbar betroffen.

5. Rechtswegerschöpfung

N ist letztinstanzlich verurteilt worden, das Erfordernis der Rechtswegerschöpfung (§ 90 II 1 BVerfGG) ist daher gegeben. Auch gegen die Subsidiarität bestehen mangels anderweitiger Rechtsschutzmöglichkeiten keine Bedenken.

6. Form und Frist

Die Verfassungsbeschwerde muss der Form der §§ 23, 92 BVerfGG entsprechen und ist als Urteilsverfassungsbeschwerde binnen eines Monats nach Zustellung des Urteils einzureichen (§ 93 I 1, 2 BVerfGG).

Ergebnis:

Bei Einhaltung von Form und Frist ist die Verfassungsbeschwerde zulässig.

Fall 20: Begründetheit

Die Verfassungsbeschwerde ist begründet, wenn der angegriffene Hoheitsakt Grundrechte des Beschwerdeführers verletzt, § 95 I BVerfGG. Hier kommt eine Verletzung von Art. 12 I GG in Betracht. Denkbar ist auch eine Verletzung von Art. 5 I 1 Var.1 oder Art. 3 I GG. Das Bundesverfassungsgericht ist keine Superrevisionsinstanz. Es prüft nur die Verletzung spezifischen Verfassungsrechts, d.h. ob die Entscheidung auf einer verfassungswidrigen Norm beruht, ob Prozessgrundrechte missachtet wurden oder ob Grundrechte übersehen oder ihre Gewichtung fehlerhaft vorgenommen wurde.

I. Art. 12 I

1. Schutzbereich

Der Schutzbereich des Art. 12 I muss eröffnet sein. Art. 12 GG schützt die Berufsausübung. Ein Beruf ist jede Tätigkeit, die der Schaffung und Erhaltung einer Lebensgrundlage dient, auf Dauer angelegt und nicht schlechthin verboten ist (dieses letzte Merkmal ist umstritten). Die Tätigkeit als Rechtsanwalt erfüllt diese Voraussetzungen und stellt somit einen Beruf i. S. v. Art. 12 I GG dar.

Art. 12 I GG schützt die gesamte berufliche Tätigkeit, insbesondere Form, Mittel und Inhalt der Betätigung, also auch die berufliche Außendarstellung (Werbung). Der Schutzbereich ist daher eröffnet.

2. Eingriff

Ein Eingriff liegt vor, wenn die grundrechtlich geschützte Tätigkeit auf Grund einer staatlichen Maßnahme unmöglich gemacht oder erschwert wird. Hierbei ist bei Art. 12 I nach der Rechtsprechung des Bundesverfassungsgerichts ein Eingriff dann zu bejahen, wenn es sich **um einen Eingriff mit objektiv berufsregelnder Tendenz handelt. Berufsregelnde Tendenz ist zumindest dann gegeben, wenn Normen nach Entstehungsgeschichte und Inhalt im Schwerpunkt Tätigkeiten betreffen, die typischerweise beruflich ausgeübt werden**

Im Rahmen der Prüfung, ob ein Eingriff in Art. 12 I GG vorliegt, wird die Eingriffsintensität nach der Drei-Stufen-Theorie ermittelt, die das Bundesverfassungsgericht im „Apothekenurteil“ entwickelt hat. Danach wird differenziert zwischen Beschränkungen der Berufsausübung, subjektiven Berufszulassungsbeschränkungen und objektiven Zulassungsbeschränkungen.

Bei Eingriffen in die Berufsausübung wird die Art und Weise der beruflichen Tätigkeit geregelt. Dies bedeutet, dass der Betroffene seinen Beruf grundsätzlich ausüben darf, bei der Berufsausübung allerdings bestimmten Einschränkungen unterworfen ist. **Zulassungsbeschränkungen** hingegen machen es dem Betroffenen unmöglich, den Beruf überhaupt auszuüben.

Von subjektiven Zulassungsbeschränkungen spricht man, wenn der Betroffene Einfluss auf die Erfüllung der Voraussetzungen zum Berufszugang hat, also etwa bei Fragen der Qualifikation. Objektive Zulassungsbeschränkungen liegen vor, wenn die Ausübung eines Berufes untersagt wird, ohne dass der Betroffene dieses Verbot beeinflussen kann, also etwa Bedürfnisklauseln.

Vorliegend soll es Rechtsanwälten erschwert werden zu werben.

Deshalb könnte es sich um **eine objektive Zulassungsgrenze** handeln. N wird durch § 43b BRAO aber nicht gehindert, den Beruf des Rechtsanwaltes zu ergreifen, allenfalls werden Umstände, die mit der bereits ergriffenen Tätigkeit zusammenhängen, berührt. Die Vorschrift regelt somit nicht den Berufszugang, sondern lässt überhaupt den Kern der beruflichen Tätigkeit unangetastet. Eine objektive Zulassungsschranke liegt daher nicht vor. Aus gleichem Grunde kommt auch eine **subjektive Zulassungsgrenze** (= Vorschrift, die die Aufnahme der Berufstätigkeit an von der Person abhängige und grundsätzlich für diese erfüllbare Voraussetzungen bindet) nicht in Frage.

Das Werbeverbot ist **vielmehr eine Berufsausübungsregelung**. Durch die Verurteilung wird zum Ausdruck gebracht, dass das in den Schutzbereich fallende

Verhalten, nämlich die bestimmte Art der Werbung, verboten wird. Werbung ist typischer Bestandteil der Berufsausübung. Ein Eingriff mit objektiv berufsregelnder Tendenz liegt somit vor.

3. Verfassungsrechtliche Rechtfertigung

Zu prüfen ist, ob dieser Eingriff verfassungsrechtlich gerechtfertigt werden kann. Art. 12 I GG steht unter einem Gesetzesvorbehalt. Das einschlägige Gesetz ist hier § 43b BRAO.

a) Verfassungsmäßigkeit des § 49b BRAO

§ 43b BRAO kann aber nur dann den Eingriff in Art. 12 I GG rechtfertigen, wenn er selbst verfassungsmäßig ist, wobei gegen die formelle Verfassungsmäßigkeit der Norm keine Bedenken bestehen.

Fraglich ist aber, ob die Vorschrift auch unter dem Gesichtspunkt der Verhältnismäßigkeit (als Ausprägung des Rechtsstaatsprinzips, Art. 20 III GG) materiell verfassungsmäßig ist.

aa) Legitimer Zweck

Fraglich ist, ob das Gesetz einem legitimen öffentlichen Zweck dient. Die Regelung soll den Rechtsschutzsuchenden vor unsachlicher Werbung schützen und stärkt dessen Vertrauen darin, der Anwalt werde nicht aus Gewinnstreben zu Prozessen raten oder Sachbehandlung an Gebühreninteressen orientieren. Dies ist ein legitimer Zweck.

bb) Geeignetheit

Das Gesetz müsste auch geeignet sein, diese Zwecke zu erreichen. Dies ist zu bejahen, wenn der Zweck zumindest gefördert wird. **Wenn es ein Sachlichkeitsgebot gibt, sind Gefahren für die Rechtssuchenden weniger wahrscheinlich.** Eine Erschwerung der Werbung fördert die vorgesehenen Zwecke und ist daher grundsätzlich geeignet.

cc) Erforderlichkeit

Fraglich ist aber, ob das Gesetz auch erforderlich ist. Das ist dann der Fall, wenn kein Eingriff, der weniger belasten würde, zur Erreichung des Zweckes ebenso geeignet wäre.

Es liegt eine Berufsausübungsregelung vor. Hierbei ist die **Drei-Stufen-Lehre** des Bundesverfassungsgerichts zu beachten. Eine Regelung ist in diesem Sinne dann nicht mehr erforderlich, wenn auch ein Eingriff auf niedrigerer Stufe möglich wäre. Dann nämlich liege eine niedrigere Eingriffsintensität vor. Vorliegend hat der

Gesetzgeber **bereits auf der niedrigsten Stufe** eingegriffen. Es kommt ***keine*** gleich geeignete Maßnahme in Betracht. Daher ist die Erforderlichkeit gegeben.

dd) Angemessenheit

Schließlich müsste der Eingriff auch angemessen sein. **Es ist also abzuwägen zwischen den geschützten Rechtspositionen der Betroffenen einerseits und den zu schützenden Rechtsgütern andererseits.** Dabei spielt auch hier die Drei-Stufen-Theorie eine bedeutende Rolle. Je nach Intensität des Eingriffs müssen nämlich auch umso gewichtigere Gemeinwohlbelange vorhanden sein, die einen solchen Eingriff als angemessen erscheinen lassen.

Eingriffe in die **Berufsausübung** sind schon dann verhältnismäßig, wenn vernünftige Erwägungen zugunsten des Allgemeinwohls die Beschränkung als zweckmäßig erscheinen lassen.

Subjektive Zulassungsbeschränkungen sind nur dann angemessen, wenn sie dem Schutz eines wichtigen Gemeinschaftsgutes vor Gefahren dienen. Solche überragend wichtigen Gemeinschaftsgüter sind z.B. die Volksgesundheit, die Sicherheit und Leichtigkeit des Verkehrs u. ä.

Objektive Zulassungsschranken sind nur zu rechtfertigen, wenn sie der Abwehr nachweisbarer oder höchst wahrscheinlicher, also konkreter Gefahren, für ein überragend wichtiges Gemeinschaftsgut mit Verfassungsrang dienen.

Wie dargelegt, beschränkt § 49b BRAO die Berufsausübung. Die Beschränkung ist nur rechtmäßig, soweit vernünftige Erwägungen des Gemeinwohls diese zweckmäßig erscheinen lassen. **§ 43b BRAO dient dem Schutz der Rechtsschutzsuchenden vor Gewinnstreben oder unsachlicher Prozessführung durch die Rechtsanwälte und damit dem Funktionieren der Rechtspflege.** Diese Ziele sind vernünftige Gemeinwohlerwägungen. Die Vorschrift ist auch deshalb verfassungsrechtlich nicht zu beanstanden, weil sie nicht jegliche Werbung verbietet.

§ 43b BRAO ist daher verhältnismäßig und materiell verfassungskonform. Die Vorschrift stellt eine taugliche Eingriffsgrundlage dar.

Anmerkung: Es könnte daran gedacht werden, auch schon hier die Vereinbarkeit von § 43b BRAO mit Art. 3 I GG anzusprechen. Die Folge wäre dann allerdings ein unglücklicher Aufbau, weil dann die sinnvollerweise erst im Rahmen der Drei-Stufen-Theorie anzusprechenden Gesichtspunkte bereits als sachlicher Grund und in der Verhältnismäßigkeit (neue Formel) angesprochen werden müssten. Es ist daher angebracht, Art. 3 I GG gesondert und nach Art. 12 I GG anzusprechen (s. u.).

4. Verfassungsmäßigkeit des Urteils

Letztlich muss aber auch die Gesetzesanwendung im Einzelfall verfassungsrechtlich unbedenklich sein. **Die Drei-Stufen-Theorie ist *nicht* einschlägig, da sie nur die Schranke, nicht aber die Einzelfallmaßnahme betrifft.** Fraglich ist, ob das Verbot der in Rede stehenden Werbeaktionen, wie es sich aus dem Urteil ergibt, verhältnismäßig i. w. S. ist.

a) Legitimer Zweck

Der Schutz der Rechtsschutzsuchenden ist ein legitimer Zweck.

b) Geeignetheit

Das Verbot bestimmter Aktionen ist auch geeignet, diesen Zweck zu erreichen. Es schützt den Rechtsschutzsuchenden vor unsachlicher Werbung und stärkt dessen Vertrauen darin, der Anwalt werde nicht aus Gewinnstreben zu Prozessen raten oder Sachbehandlung an Gebühreninteressen ausrichten.

c) Erforderlichkeit

Fraglich ist, ob ein Verbot der beiden Werbeaktionen erforderlich ist. Das wäre der Fall, wenn kein milderes, aber gleich wirksames Mittel zur Verfügung stünde. Nur ein Verbot so vieler Werbemaßnahmen wie möglich bietet aber einen wirksamen (nämlich absoluten) Schutz.

d) Angemessenheit

Letztlich kommt es auf die Angemessenheit an. Es ist zu prüfen, ob das Verbot beider Werbeaktionen die Bedeutung des Grundrechts aus Art. 12 I GG und den Schutz der Rechtssuchenden in ein ausgewogenes Verhältnis bringt. Dabei muss aber berücksichtigt werden, dass auch § 43b BRAO die Werbung nicht uneingeschränkt verbietet.

aa) Sponsoring

Eine sachliche und damit nach § 43b BRAO zulässige Werbung unterrichtet über die berufliche Tätigkeit eines Rechtsanwalts, wenn sie die interessierte Öffentlichkeit darauf aufmerksam macht, dass der Werbende als Rechtsanwalt tätig ist. Diesen Anforderungen genügt zunächst das Sponsoring. **Es geht um Imagewerbung, die geeignet ist, das Bild des Förderers in der Öffentlichkeit zu heben, weil darauf aufmerksam gemacht wird, dass sich der Werbende gemeinnützig in einem bestimmten Bereich engagiert.**

Fraglich ist, ob die Neuartigkeit der Werbung eine sachgemäße Berufsausübung zu Lasten des Rechtssuchenden gefährdet.

Allein aus der Neuartigkeit kann sich dies jedoch nicht ergeben, da es zeitgemäßen Veränderungen unterliegt, welche Werbeformen als üblich, angemessen oder als übertrieben angesehen werden. Ein Sponsoring ist heute aber als üblich anzusehen und darf sogar - auch in Anbetracht der unterstützten Anlässe - als besonders seriös und Vertrauen erweckend angesehen werden.

Schließlich ist eine **Kollision** mit dem schützenswerten Vertrauensanspruch der Rechtssuchenden überhaupt nicht ersichtlich. Die Werbung steht weder soweit im Vordergrund, dass ihr Inhalt weit dahinter zurück bleibt, noch ist sie irreführend oder sensationell. Vielmehr taucht der Name des Beschwerdeführers nur klein auf. Das Verbot des Sponsorings stellt sich daher als unverhältnismäßig dar.

bb) Werbeschild

Auch das Werbeschild dient zunächst dazu, potentielle Mandanten auf den Beschwerdeführer aufmerksam zu machen.

Möglicherweise muss hier aber **eine Gefährdung der Interessen der Rechtsschutzsuchenden** angenommen werden, weil sich die Werbung als unsachlich darstellt.

Die Beurteilung einer Werbung als unsachlich kommt insbesondere in Betracht, wenn ihr Erscheinungsbild derart im Vordergrund steht, dass ihr Inhalt weit dahinter zurück bleibt. Zwar zeichnet sich das Werbeschild durch eine gewisse Ironie aus, indem sie mit Sprachwitz handhabt und auf die hohe Unfallquote auf Alleen in Brandenburg Bezug nimmt. Ironie und Sprachwitz können allerdings nicht schon zu einer Unzulässigkeit der Werbung führen.

Hier kann jedoch **nicht allein auf den Inhalt der Werbung** abgestellt werden. Zu berücksichtigen ist auch der Ort, an dem das Schild aufgestellt ist. Durch die Aufstellung an einer als gemeinhin **besonders unfallträchtig angesehenen** Örtlichkeit erhält die Werbung einen geradezu marktschreierischen und auch zynischen Charakter. Es entsteht der Eindruck, als wolle der Beschwerdeführer von einem möglichen Unfall profitieren.

Aus der Formulierung "Mit ihm fahren sie richtig" kann sich in diesem Zusammenhang das Versprechen einer **Erfolgsgarantie** herauslesen lassen: Eine solche Garantie widerspricht aber dem Interesse, keine Prozesse allein aus Gewinninteressen zu führen. **Diesem Interesse ist der Anwalt als Organ der Rechtspflege (§ 1 BRAO) besonders verpflichtet.** Das Erscheinungsbild der Werbung steht derart im Vordergrund, dass ihr Inhalt weit dahinter zurück bleibt. Die Aufstellung des Werbeschildes kann daher nach alledem nicht als sachlich angesehen werden. Sie widerspricht den von einem Rechtsanwalt zu berücksichtigenden gebotenen Verhaltensmaßregeln. Das diesbezügliche Verbot ist mithin nicht unverhältnismäßig.

Die Verhängung von Bußgeld und der Verweis waren in Bezug auf das Sponsoring unverhältnismäßig und daher verfassungswidrig. In Bezug auf das Werbeschild bestehen diesbezüglich aber keine Bedenken.

II. Art. 5 I 1 Var.1 GG

Es könnte eine Verletzung des Grundrechts auf Meinungsfreiheit vorliegen. Dazu müsste der Schutzbereich der Meinungsfreiheit eröffnet sein.

Eine Meinung enthält Elemente der Stellungnahme und des Dafürhaltens im Rahmen einer geistigen Auseinandersetzung. Wirtschaftswerbung stellt dann eine geschützte Meinung dar, wenn sie der Meinungsbildung dient. Hier haben die Aussagen des N aber einen rein werbenden Charakter. Daher ist der Schutzbereich der Meinungsfreiheit nicht eröffnet.

III. Art. 3 I GG:

Die Regelung in Bezug auf das Werbeschild könnte gegen das Gleichheitsgebot des Art. 3 I verstoßen. Anknüpfungspunkt ist die Frage, ob der Bescheid „wesentlich Gleiches" ungleich bzw. „wesentlich Ungleiches" gleich behandelt.

1. Gleich- bzw. Ungleichbehandlung

a) Rechtsanwälte dürfen nur im Rahmen der gesetzlichen Grenzen werben.

b) Andere Berufsgruppen, die eine Dienstleistung anbieten (z.B. private Arbeitsvermittler) dürfen ohne diese Grenzen ihre Werbung gestalten.

c) Fraglich ist, ob beide Personengruppen unter einem gemeinsamen Oberbegriff, **dem Bezugspunkt**, zusammengefasst werden können. Nur wenn dies der Fall ist, kann von „wesentlich Gleichem" gesprochen werden. Hier sind beide Personengruppen Berufstätige, die eine Dienstleistung anbieten. Das ist ein gemeinsamer Oberbegriff. Folglich können beide Personengruppen unter einem Bezugspunkt zusammengefasst werden.

2. Rechtfertigung der Ungleichbehandlung

a) Kompetenz- und verfahrensgemäßes Zustandekommen der Regelung ist gegeben.

b) Es muss einen sachlichen Grund für die Ungleichbehandlung geben. Bei Ungleichbehandlungen geringerer Intensität beschränkt sich die gerichtliche Rechtfertigungsprüfung auf eine Evidenzkontrolle („Willkürformel"). Hier ist eine Ungleichbehandlung mit Grundrechtsauswirkung gegeben. Damit liegt eine größere Intensität der Ungleichbehandlung vor. Hier ist eine Verhältnismäßigkeitsprüfung („Neue Formel") notwendig.

aa) Die Ungleichbehandlung müsste einen **legitimen Zweck** verfolgen. Zweck ist hier der Schutz der Rechtssuchenden und die Aufrechterhaltung eines seriösen Images der Rechtspflege allgemein. Damit liegt ein legitimer Zweck vor.

bb) Die Maßnahme müsste **geeignet** sein, den Zweck zu erreichen. Die Regelungen der Werbeeinschränkungen sind ein geeignetes Mittel, um den Schutz der Rechtssuchenden zu erreichen und die Seriosität der Rechtspflege zu gewährleisten.

cc) Sie müsste auch **erforderlich** sein. Das bedeutet, es darf kein milderes Mittel geben, welches ebenso gut das Ziel erreichen würde. Ein solches Mittel ist nicht ersichtlich. Daher ist die Maßnahme auch erforderlich.

dd) Schließlich müsste sie auch in einem **angemessenem Verhältnis zum Wert des Zwecks** stehen. Es liegt kein totales Werbeverbot vor, es wird nur Werbung beanstandet, die den Zwecken der Rechtspflege zuwiderlaufen könnten. Dies macht die Regelung zu einem schwachen Grundrechtsverstoß, der gemessen zum Zweck – Schutz der Rechtssuchenden und Seriosität der Rechtspflege – zurückstehen muss. Folglich ist die Angemessenheit gegeben.

Hinweis: Andere Ansicht ebenso gut vertretbar.

Ergebnis: Es liegt kein Verstoß gegen Art. 3 I GG vor.

Endergebnis: Die Verfassungsbeschwerde ist zulässig und zum Teil begründet. Sie hat daher Aussicht auf Erfolg.

Fall 21

Sachverhalt

A wurde zum zivilen Ersatzdienst einberufen. Da er sich – auf Grund seiner glaubwürdig dargelegten religiösen Überzeugungen – weigerte, diesen abzuleisten, wurde er von einem Strafgericht zu einer Freiheitsstrafe von drei Monaten verurteilt.
Nach dem A seine Strafe verbüßt hatte, berief ihn die Behörde erneut zum Ersatzdienst ein. A weigerte sich auch diesmal Folge zu leisten, so dass gegen A ein erneutes Strafverfahren eingeleitet wurde, in welchem er nun zu fünf Monaten Freiheitsstrafe verurteilt wurde.
A kann dies nicht nachvollziehen, da er seiner Ansicht nach für seine Verweigerung bereits bestraft wurde und somit ein Verstoß gegen das Grundgesetz vorliege. Hat er Recht?

Lösung:

Im vorliegenden Fall kommt eine Verletzung des Verbots der Doppelbestrafung nach Art. 103 III GG in Betracht.

1. Schutzbereich

Grundrechtsträger von Art. 103 III GG ist jeder Mensch, somit auch A. Weiterhin müsste auch der sachliche Schutzbereich eröffnet sein. Dies ist das Verbot der Doppelbestrafung auf Grund der allgemeinen Strafgesetze wegen derselben Tat (ne bis in idem). **Der Begriff der "Tat" ist nicht in einem materiell-strafrechtlichen Sinne als normativen Straftatbestand zu verstehen.**

> Hinweis für Fortgeschrittene: Gemeint ist vielmehr der faktische Vorgang, auf den Anklageschrift und Eröffnungsbeschluss des Strafgerichtes sich beziehen.

Der Anwendungsbereich des Art. 103 III GG ist auf die allgemeinen Strafgesetze beschränkt. Strafgesetze sind von Maßnahmen zur Gefahrenabwehr und zur Vollstreckung zu unterscheiden.

Als **Abgrenzungskriterium** dient der Zweck der vorgesehenen staatlichen Maßnahme. **Strafen** sind hoheitliche Missbilligungen von in der Vergangenheit liegendem rechtswidrigem und schuldhaftem Verhalten, während das **Gefahrenabwehrrecht**, also das Polizei- und Ordnungsrecht, zukunftsorientiert der Abwehr von Gefahren dient. Nicht zu den „allgemeinen Strafgesetzen“ gehört ferner das Zwangsvollstreckungsrecht. Vollstreckungsmaßnahmen, die der Beugung eines entgegenstehenden Willens dienen, dürfen solange und sooft angewandt werden, bis sie ihren Zweck erreicht haben.

Im vorliegenden Fall wurde A zweimalig wegen Verweigerung des zivilen Ersatzdienstes verurteilt. **Fraglich ist, wie es sich auswirkt, dass sich die zweite Verweigerungen nicht auf ein und dieselbe Einberufung**, sondern auf eine erneute Einberufung bezieht.

Dies als erneute Straftat zu bewerten würde implizieren, die erneute Verweigerung als ein Dauerdelikt anzusehen. Demnach wäre die erste Verurteilung eine Unterbrechung des Delikts und eine nach dieser Unterbrechung liegende Tat wäre erneut strafbar. Der Schutzbereich wäre also nicht eröffnet.

Eine entgegenstehenden Auffassung bejaht hier jedoch **ein Vorliegen derselben Tat**, wenn die erneute Verweigerung auf die ein für allemal getroffene und fortwirkende Gewissensentscheidung des Täters zurückgeht. Hiernach wäre der sachliche Schutzbereich eröffnet.

Gegen die erste Ansicht spricht, dass eine einmal getroffene Gewissensentscheidung nicht durch eine Verurteilung unterbrochen wird. **Gewissensentscheidung ist jede ernste, sittliche, das heißt an den Kategorien von „gut“ und „böse“ orientierte Entscheidung,** die der einzelne in einer bestimmten Lage als für sich bindend und unbedingt verpflichtend innerlich erfährt, so dass er gegen sie nicht ohne ernste Gewissensnot handeln könnte.

Eine solche Entscheidung ist also ein nicht zu unterbrechender Zustand. Die Ernstlichkeit der religiösen Überzeugung des A ist laut Sachverhalt vorhanden. A ist also bei seiner zweiten Verweigerung nur bei seiner einstmals getroffenen Gewissensentscheidung geblieben. Daher ist der zweiten Ansicht zu folgen, wodurch der Schutzbereich eröffnet ist.

2. Eingriff

In diesen Schutzbereich müsste eingegriffen worden sein. Eingriff ist jede staatliche Maßnahme, die eine Handlung, die in den Schutzbereich fällt, erschwert oder verhindert. Durch die erneute Verurteilung liegt ein Eingriff in den Schutzbereich vor.

3. Verfassungsrechtliche Rechtfertigung

Fraglich ist, ob dieser Eingriff verfassungsrechtlich gerechtfertigt ist. Eingriffe in den Schutzbereich von Art. 103 III GG sind jedoch nicht rechtfertigungsfähig.

Ergebnis:

Die erneute Verurteilung ist verfassungswidrig.

Fall 22

Sachverhalt

Die reiche G bittet ihre Bank, eine zweite EC-Karte auszustellen. Diese soll ihre Freundin C unbeschränkt zum Shopping nutzen dürfen. Einige Monate später streiten sich G und C über die Frage, ob Prinz William ein tauglicher König wäre. Es kommt zum Bruch. Doch C nutzt die EC-Karte der G weiterhin und hebt, ohne Wissen der G, 10000 Euro ab. Als sich dieser der Verlust offenbart, erstattet sie Anzeige gegen die C und beantragt bei der Polizei die Beschlagnahme der Karte. Der zuständige Richter ordnete mit diesem Ziel eine Hausdurchsuchung bei C an. Die Karte wurde allerdings nicht aufgefunden. C erhob gegen den Durchsuchungsbeschluss Beschwerde beim zuständigen Gericht. Dieses verwarf die Beschwerde mit der Begründung, die Durchsuchung sei bereits beendet. Dagegen möchte C Verfassungsbeschwerde einlegen. Sie sagt, ihr sei effektiver Rechtsschutz gegen die Durchsuchung versagt worden. Wird sie Erfolg haben?

Beachte: Gehen Sie davon aus, dass der Rechtsweg erschöpft ist!

Lösung:

Die Verfassungsbeschwerde der C hat Erfolg, wenn sie zulässig und begründet ist.

I. Zulässigkeit

Fraglich ist zunächst, ob die Verfassungsbeschwerde der C zulässig ist.

1.Statthaftigkeit

Nach Art. 93 I Nr. 4 a GG, § 13 Nr. 8a, §§ 90 ff. BVerfGG ist das Bundesverfassungsgericht für Verfassungsbeschwerden zuständig.

2. Beschwerdefähigkeit

C ist als natürliche Person beschwerdefähig gemäß § 90 I BVerfGG.

3. Beschwerdegegenstand

Nach § 90 I BVerfGG ist tauglicher Beschwerdegegenstand jeder Akt der öffentlichen Gewalt. Akte öffentlicher Gewalt sind alle Handlungen, sowie Unterlassungen der Legislative, Exekutive oder Judikative. Hier richtet sich C gegen die Entscheidung des Gerichts, dass ihre Beschwerde unzulässig ist. Dies ist ein Akt der Judikative und mithin der öffentlichen Gewalt. Ein tauglicher Beschwerdegegenstand ist also gegeben.

4. Beschwerdebefugnis

Schließlich muss C auch beschwerdebefugt sein. Das setzt gemäß § 90 I BVerfGG voraus, dass C die Verletzung von Grundrechten oder grundrechtsgleichen Rechten behaupten kann, durch welche sie selbst, gegenwärtig und unmittelbar betroffen ist.

aa) Behauptung der Grundrechtsverletzung

Eine Verletzung von Grundrechten bzw. grundrechtsgleichen Rechten kann C behaupten, wenn sie die Möglichkeit einer Verletzung substantiiert darlegen kann. In Betracht kommt eine Verletzung des Art. 19 IV GG. C beruft sich darauf, dass ihr effektiver Rechtsschutz gegen die Durchsuchung versagt wurde. Damit besteht die Möglichkeit einer Verletzung des Art. 19 IV GG.

bb) Betroffenheit selbst, gegenwärtig und unmittelbar

C muss weiterhin selbst, gegenwärtig und unmittelbar betroffen sein. C ist in eigenen Rechten und damit selbst betroffen. Darüber hinaus ist C gegenwärtig betroffen, wenn die Beeinträchtigung nicht erst in der Zukunft liegt und nicht bereits erledigt ist. Möglicherweise ist ihre Betroffenheit bereits erledigt, da die Durchsuchung abgeschlossen ist und ein nachträgliches Urteil daran nichts mehr ändern. Mangels Beweisfindung (keine EC-Karte gefunden) hat die Durchsuchung auch keine negativen direkten Folgen für sie. Allerdings wird C die Überprüfung der Durchsuchung durch das Gericht nach wie vor versagt.

Es liefe dem Grundrechtsschutz zuwider, wenn das Recht auf Klärung der Verfassungsmäßigkeit eines Eingriffs bei Wegfall einer Beeinträchtigung ohne weiteres entfiele. Verneinte man hier die Gegenwärtigkeit, wäre verfassungsgerichtlicher Rechtsschutz im Falle der Erledigung der Maßnahme überhaupt nicht möglich. Daher muss das Kriterium der Gegenwärtigkeit weit ausgelegt worden.

Zuletzt muss C auch **unmittelbar betroffen** sein. Unmittelbar betroffen ist C, wenn sie durch die Maßnahme direkt beeinträchtigt wird, ohne dass die angegriffene Maßnahme eines weiteren Vollzugsaktes bedarf. Die Zurückweisung der Beschwerde entfaltet gegenüber der C Wirkung, ohne dass es noch eines weiteren Vollzugsaktes bedarf.

C ist mithin beschwerdebefugt gemäß § 90 I BVerfGG.

5. Rechtswegerschöpfung

Der Rechtsweg ist nach § 90 II BVerfGG erschöpft.

6. Rechtsschutzbedürfnis

C müsste rechtsschutzbedürftig sein. Die Durchsuchung ihrer Wohnung liegt in der Vergangenheit. Damit könnte **Erledigung** eingetreten sein. Eine Maßnahme ist dann erledigt, **wenn sie keinerlei Rechtswirkungen mehr entfaltet**. Die Beeinträchtigung durch die Wohnungsdurchsuchung liegt zeitlich länger zurück und entfaltet keine Rechtswirkung mehr. Allerdings ist nicht auf die polizeiliche Maßnahme an sich abzustellen, sondern auf das **Urteil des Gerichts**, welches sich – anders als die polizeiliche Maßnahme – selbst nicht erledigt hat. Im Ergebnis liegt bei C ein Rechtsschutzbedürfnis vor.

Die Verfassungsbeschwerde der C ist somit zulässig.

II. Begründetheit

Die Verfassungsbeschwerde der C ist begründet, wenn C durch das Urteil in einem ihrer Grundrechte oder grundrechtsgleichen Rechte verletzt ist. In Betracht kommt eine Verletzung von Art. 19 IV GG.

1. Schutzbereich

Zunächst muss der Schutzbereich des Art. 19 IV GG eröffnet sein. Gemäß GG 19 IV steht jedem, der durch die öffentliche Gewalt in seinen Rechten verletzt ist, der Rechtsweg offen.

Fraglich ist daher zunächst, ob ein **Akt der „öffentlichen" Gewalt** vorliegt. Der Begriff des Aktes der öffentlichen Gewalt ist innerhalb des Art. 19 IV GG enger zu verstehen als der des § 90 I BVerfGG. **Unstreitig erfasst werden alle Maßnahmen der Exekutive.**

Jedoch ist in der Rechtswissenschaft umstritten, ob auch Akte der Legislative Akte öffentlicher Gewalt gemäß Art. 19 IV GG darstellen können. Nach der herrschenden Meinung ist der Rechtsweg gegen Gesetze abschließend durch die Art. 93 I Nr. 2, 4a und Art. 100 I GG geregelt. **Die Feststellung der Verfassungswidrigkeit von Gesetzen sei allein Aufgabe der Verfassungsgerichtsbarkeit.** Teile der Literatur weisen jedoch darauf hin, dass weder der Wortlaut des Art. 19 IV GG noch andere verfassungssystematische Gründe eine solchermaßen enge Auslegung erforderten. Akte der Judikative werden unstreitig nicht erfasst, da Art. 19 IV GG nur Schutz *durch* den Richter, nicht aber vor dem Richter gewähre.

Hier begehrt C die nachträgliche Überprüfung einer polizeilichen Maßnahme, mithin einer Maßnahme der Exekutive. Über diese Maßnahme hat das Gericht inhaltlich noch nicht entschieden, weil es die Beschwerde als unzulässig verworfen hat.

Maßnahmen der Exekutive stellen in jedem Fall einen Akt öffentlicher Gewalt i.S.d. Art. 19 IV GG dar.

Weiterhin muss gem. Art. 19 IV 1 GG auch eine Verletzung von Rechten des Grundrechtsträgers vorliegen. Obwohl Art. 19 IV GG seinem Wortlaut nach das tatsächliche Vorliegen einer Rechtsverletzung verlangt, genügt es, dass eine Rechtsverletzung nach den Behauptungen des betroffenen Bürgers **möglich** erscheint. Nicht ausgeschlossen ist hier eine Verletzung des Rechtes der C auf Unverletzlichkeit der Wohnung (Art. 13 GG).

Schließlich ist fraglich, ob der C kein oder **kein ausreichender Rechtsschutz** gewährt wurde. Dem Wortlaut nach gewährleistet Art. 19 IV GG nur die reine Eröffnung des Rechtsweges. Gem. Art. 19 IV 2 GG ist damit insbesondere die Eröffnung des ordentlichen Rechtsweges gemeint. Art. 19 IV GG gewährleistet nicht nur das formelle Recht, die Gerichte anzurufen, sondern gibt dem Bürger einen Anspruch auf tatsächlich wirksame gerichtliche Kontrolle.

Hiernach ist dann von der Gewährung eines nicht ausreichenden Rechtsschutzes auszugehen, wenn ein tiefgreifender Grundrechtseingriff erfolgt ist und der Betroffene typischerweise die Rechtsmittelinstanz während der Dauer der Beschwer nicht erreichen kann. Ein **möglicher tiefgreifender Grundrechtseingriff** liegt hier in der Durchsuchungsmaßnahme der Polizei vor, durch die C in ihrem Recht auf Unverletzlichkeit ihrer Wohnung gemäß Art. 13 GG betroffen wurde.

Der Schutzbereich des Art. 19 IV GG ist somit eröffnet.

II. Eingriff

In der Verweigerung der inhaltlichen Überprüfung der Maßnahmen durch das Gericht ist ein Eingriff in Art. 19 IV GG zu sehen.

III. Verfassungsrechtliche Rechtfertigung

Fraglich ist, ob der Eingriff in Art. 19 IV GG verfassungsrechtlich gerechtfertigt ist. Art. 19 IV GG enthält keinen geschriebenen Gesetzesvorbehalt. Auch eine Beschränkung durch kollidierendes Verfassungsrecht ist aufgrund der engen Auslegung des Eingriffsbegriffs gemäß Art. 19 IV GG nicht möglich. Jeder Eingriff in Art. 19 IV GG stellt immer auch eine Verletzung dar.

Ergebnis: Die Verfassungsbeschwerde der C ist somit auch begründet.

Fall 23

Die Extreme Internet GmbH (E) bietet Internetdienstleistungen an. Sie will einen „Internet-Guide" erstellen. Dazu hat sie sich bei der Vergabestelle für Internetadressen DENIC e.G. mehrere Tausend Domain-Namen registrieren lassen, darunter seit April 2009 auch "www.ad-acta.de". Eine eigene Homepage unter dieser Adresse hatte E bisher nicht geschaltet. Im Mai 2012 erhält E eine Abmahnung von der seit 2001 bestehenden "ad-acta Internet GmbH" (A), die sich durch das Verhalten der E unter anderem in ihrem Kennzeichenrecht verletzt sieht. Sie nahm daher E in Anspruch, es zu unterlassen, "ad-acta.de" als Domain-Namen im Internet für eine Homepage zu reservieren oder zu benutzen. Außerdem verlangte sie Einwilligung in die Löschung des Domain-Namens. Das Landgericht gab der Klage aufgrund von §§ 5 I, II, 15 II, IV MarkenG statt, Berufung und Revision der E blieben erfolglos.

Mit ihrer fristgerecht eingelegten Verfassungsbeschwerde rügt E die Verletzung ihrer Rechte aus Art. 14 I GG. **Ist die Verfassungsbeschwerde begründet (es ist nur Art. 14 GG zu prüfen)?**

§ 5 MarkenG:

(1) Als geschäftliche Bezeichnungen werden Unternehmenskennzeichen und Werktitel geschützt.

(2) Unternehmenskennzeichen sind Zeichen, die im geschäftlichen Verkehr als Name, als Firma oder als besondere Bezeichnung eines Geschäftsbetriebs oder eines Unternehmens benutzt werden. Der besonderen Bezeichnung eines Geschäftsbetriebs stehen solche Geschäftsabzeichen und sonstige zur Unterscheidung des Geschäftsbetriebs von anderen Geschäftsbetrieben bestimmte Zeichen gleich, die innerhalb beteiligter Verkehrskreise als Kennzeichen des Geschäftsbetriebs gelten.

(3) Werktitel sind die Namen oder besonderen Bezeichnungen von Druckschriften, Filmwerken, Tonwerken, Bühnenwerken oder sonstigen vergleichbaren Werken.

§ 15 MarkenG:

(1) Der Erwerb des Schutzes einer geschäftlichen Bezeichnung gewährt ihrem Inhaber ein ausschließliches Recht.

(2) Dritten ist es untersagt, die geschäftliche Bezeichnung oder ein ähnliches Zeichen im geschäftlichen Verkehr unbefugt in einer Weise zu benutzen, die geeignet ist, Verwechslungen mit der geschützten Bezeichnung hervorzurufen.

(3) Handelt es sich bei der geschäftlichen Bezeichnung um eine im Inland bekannte geschäftliche Bezeichnung, so ist es Dritten ferner untersagt, die geschäftliche Bezeichnung oder ein ähnliches Zeichen im geschäftlichen Verkehr zu benutzen, wenn keine Gefahr von Verwechslungen im Sinne des Absatzes 2 besteht, soweit die Benutzung des Zeichens die Unterscheidungskraft oder die Wertschätzung der geschäftlichen Bezeichnung ohne rechtfertigenden Grund in unlauterer Weise ausnutzt oder beeinträchtigt.

(4) Wer eine geschäftliche Bezeichnung oder ein ähnliches Zeichen entgegen Absatz 2 oder 3 benutzt, kann von dem Inhaber der geschäftlichen Bezeichnung auf Unterlassung in Anspruch genommen werden.

(5) Wer die Verletzungshandlung vorsätzlich oder fahrlässig begeht, ist dem Inhaber der geschäftlichen Bezeichnung zum Ersatz des daraus entstandenen Schadens verpflichtet.
(6) § 14 Abs. 7 ist entsprechend anzuwenden.

Lösung:
Die Verfassungsbeschwerde ist begründet, wenn die angegriffenen Entscheidungen E in ihren verfassungsmäßigen Rechten verletzen, nämlich in ihrem verfassungsmäßig garantierten Eigentumsrecht nach Art. 14 GG. Das Bundesverfassungsgericht ist keine Superrevisionsinstanz. Es prüft nur die Verletzung spezifischen Verfassungsrechts, d.h. ob die Entscheidung auf einer verfassungswidrigen Norm beruht, ob Prozessgrundrechte missachtet wurden oder ob Grundrechte übersehen oder ihre Gewichtung fehlerhaft vorgenommen wurde.

1. Schutzbereich
Der Schutzbereich der Eigentumsgarantie müsste eröffnet sein. Vom Eigentumsschutz umfasst sind alle vermögenswerten Rechte und Rechtspositionen. Dazu gehören private vermögenswerte Positionen wie das Sacheigentum, dingliche Rechte, Forderungen und Immaterialgüterrechte. Öffentlich-rechtliche Vermögenspositionen sind umfasst, wenn sie ein Äquivalent zur eigenen Leistung darstellen, etwa Rentenanwartschaften oder Arbeitslosengeld. Staatlich gewährte Leistungen wie Subventionen, Zuschüsse, Sozialhilfe, BAFöG gehören sind dazu. Ferner nicht von Art. 14 GG geschützt ist das Vermögen als Ganzes (vor Steuern, Gebühren, Abgaben), Chancen und Erwartungen.

Vorliegend beruft sich E auf die Rechte an der Domain www.ad-acta-de. Es ist also das Recht an der Kennzeichnung betroffen. **Dies könnte ein absolutes Recht darstellen.** Ein Kennzeichenrecht nach § 5 II MarkenG hat E nicht erworben, da auf der Seite keine Inhalte eingestellt wurden und damit auch kein Unternehmenskennzeichen durch Benutzung entstanden ist.
Es kommt aber eine Eröffnung des Schutzbereichs aufgrund eines schuldrechtlichen Anspruchs in Betracht.
Aus dem Vertragsschluss mit der DENIC e.G. folgt Nutzungsrecht der E an der Domain. Zum Eigentum nach Art. 14 GG gehören auch die auf dem Abschluss von Verträgen beruhenden, obligatorischen Forderungen. **Schuldrechtliche Ansprüche sind zwar nur gegen den jeweiligen Vertragspartner gerichtet, jedoch dem Forderungsinhaber ebenso ausschließlich zugewiesen wie Eigentum an einer Sache**.
Zwar erwirbt der Inhaber weder das Eigentum an der Internet-Adresse selbst noch ein sonstiges absolutes Recht an der Domain, welches ähnlich der Inhaberschaft an einem Immaterialgüterrecht verdinglicht wäre. Vielmehr erhält er als Gegenleistung für die an die DENIC e.G. zu zahlende Vergütung das Recht, für seine IP-Adresse

eine bestimmte Domain zu verwenden – und damit ein relativ wirkendes, vertragliches Nutzungsrecht, wobei die unbestimmte Vertragsdauer verbunden mit den vorgesehenen Kündigungsmöglichkeiten auf den Charakter des Rechtsverhältnisses als Dauerschuldverhältnis hinweisen. Damit ist der Schutzbereich des Art. 14 GG eröffnet.

2. Eingriff

In das Eigentum müsste eingegriffen worden sein. Ein Eingriff ist jeder Akt öffentlicher Gewalt, welcher dem Einzelnen ein Verhalten, das in den Schutzbereich eines Grundrechts fällt, erschwert oder unmöglich macht. Durch das Urteil muss E ein die Löschung der Domain einwilligen. Damit verliert er das Nutzungsrecht an der Domain. Folglich liegt ein Eingriff vor. **Es zu differenzieren, ob es sich um eine Enteignung oder um eine Inhalts- und Schrankenbestimmung handelt.** Eine Inhalts- und Schrankenbestimmung i.S.d. Art. 14 I 2 GG ist die generelle und abstrakte Festlegung von Rechten und Pflichten durch den Gesetzgeber hinsichtlich solcher Rechtsgüter, die als Eigentum im Sinne der Verfassung zu verstehen sind. **Sie ist auf die Normierung objektiv-rechtlicher Vorschriften gerichtet, die den "Inhalt" des Eigentumsrechts bestimmen.**

Eine Enteignung i.S.d. 14 III GG ist dagegen jede final und konkret individuelle Entziehung eigentumsrechtlicher Positionen zur Inanspruchnahme für öffentliche Zwecke. Eine faktische **mittelbare** Maßnahme, die nicht auf die Entziehung des Eigentums gerichtet ist, stellt keine Enteignung dar. Sonstige finale und konkrete Eingriffe, die nicht auf eine Entziehung der eigentumsrechtlichen Positionen abzielen, sind auf Inhalts- und Schrankenbestimmungen beruhende Einzelakte. Vorliegend wird E die Rechtsposition nicht zugunsten öffentlicher Zwecke entzogen. **Daher liegt eine Inhalts- und Schrankenbestimmung vor.**

3. Verfassungsrechtliche Rechtfertigung

Der Eingriff müsste verfassungsrechtlich gerechtfertigt sein. Inhalt und Schranken des Eigentums werden gemäß Art. 14 I 2 GG durch die Gesetze bestimmt. Vorschriften der § 5 I, II, 15 II, IV MarkenG, die einem Kennzeicheninhaber Unterlassungsansprüche gegen denjenigen einräumen, der durch Kennzeichengebrauch seine Interessen verletzt, stellen eine verfassungsrechtlich unbedenkliche Inhalts- und Schrankenbestimmung dar.

Es könnte indes verfassungsrechtlichen Bedenken begegnen, dass die Fachgerichte E als Maßnahme zur Beseitigung der aktuellen Störung aufgegeben haben, in die Löschung der Domain gegenüber der DENIC e.G. einzuwilligen.

a) Legitimer Zweck

Die staatliche Maßnahme muss einem legitimen Zweck dienen. Der Zweck besteht im Schutz desjenigen, der ein älteres Unternehmenskennzeichen innehat, vor Verwechslungsgefahr. Damit wird dem Kunden die Unterscheidung von verschiedenen Unternehmen **anhand ihres Kennzeichens** ermöglicht. Der Schutz des Unternehmenskennzeichens dient daher der Marktwirtschaft. Folglich liegt ein legitimer Zweck vor.

b) Geeignetheit

Geeignet ist eine staatliche Maßnahme, wenn mit ihrer Hilfe das angestrebte Ziel gefördert werden kann. Hier wird E durch das Urteil die Verwendung der Domain verboten. Damit wird eine **Verwechslungsgefahr ausgeschlossen**. Folglich ist das Urteil zur Erreichung des Zwecks auch geeignet.

c) Erforderlichkeit

Die Maßnahme muss auch erforderlich sein. Ein Mittel ist erforderlich, wenn es kein milderes Mittel gibt, welches den gleichen Erfolg mit der gleichen Sicherheit und einem vergleichbaren Aufwand herbeiführen würde. Ohne ein Verbot ist die **Verwechslungsgefahr** nicht zu beseitigen. Insbesondere ist im vorliegenden Fall nicht ersichtlich, dass zum Beispiel durch Hinweise auf einer von der E betriebenen Internet-Seite die Verwechslungsgefahr in ausreichendem Umfang ausgeräumt werden könnte. Die Besonderheiten des zwischen gleichnamigen Personen bestehenden Rücksichtnahmegebots sind aber auf das hier zu beurteilende Verhältnis **zwischen der Kennzeicheninhaberin einerseits und der Inhaberin des obligatorischen Rechts zur Domainnutzung andererseits** nicht übertragbar. Daher war die Maßnahme erforderlich.

d) Angemessenheit

Die Maßnahme muss schließlich angemessen sein. Bei der Prüfung der Angemessenheit ist insbesondere der Grundsatz der Sozialbindung des Eigentums zu beachten, Art. 14 II GG. **Das Urteil hat die schützenden Interessen der Eigentümer und die öffentlichen Interessen in ein ausgewogenes Verhältnis zu bringen und einen gerechten Ausgleich vorzunehmen.** Es ist nicht ersichtlich, dass der Verlust dieser einen Domain angesichts der Anzahl der für E registrierten Internetadressen tatsächlich die Substanz ihres Betriebes berührt. Ihr Interesse an der Erhaltung der Inhaberschaft der Domain muss hinter dem Interesse der Verhinderung der Verwechslungsgefahr zurücktreten.

Ergebnis:

Damit ist die Verfassungsbeschwerde nicht begründet.

Fälle 24 und 25

Sachverhalt

Nach einigen Störfällen in deutschen und grenznahen osteuropäischen Atomkraftwerken geht in Deutschland die Angst vor dem atomaren Supergau um.
Die G-Partei, die sich schon immer für den Atomausstieg einsetzte, schwimmt entsprechend auf einer Welle des Erfolges. Bei den nur kurze Zeit später stattfindenden Bundestagswahlen erhält sie daher 25% der Stimmen und bildet zusammen mit der S-Partei die Regierung.
Auch die S-Partei kann sich dem in der Bevölkerung geäußerten Wünschen nach einem endgültigen Atomausstieg nicht entziehen. Auf Vorschlag des Bundesumweltministers M (G-Partei) reicht die Bundesregierung daher eine Gesetzesinitiative für ein „Gesetz betreffend den sofortigen Ausstieg aus der Nutzung der Kernenergie" (AAG) ein, das im ordnungsgemäßen Verfahren beschlossen und durch den Bundespräsidenten ausgefertigt wird. Es tritt am 01.10.2010 in Kraft.
Das Gesetz enthält unter anderem folgende Vorschriften:

§ 7 (I) Für die Errichtung und den Betrieb von Anlagen zur Spaltung von Kernbrennstoffen zur gewerblichen Erzeugung von Elektrizität werden keine Genehmigungen erteilt.

(II) (...)

§ 12 Bestehende Genehmigungen für die Errichtung und den Betrieb von Anlagen zur Spaltung von Kernbrennstoffen zur gewerblichen Erzeugung von Elektrizität sind unabhängig von einer bestehenden Befristung von der zuständigen Behörde mit Wirkung zum 01.01.2011 zu entziehen.

§ 34 (enthält eine Entschädigungsregelung für den Entzug von Genehmigungen nach § 12)

Die E-AG (E) beantragte am 10.01.2011 eine Genehmigung für die Errichtung und den Betrieb eines Kernreaktors auf einem ihr gehörenden Grundstück zu wirtschaftlichen Zwecken (d.h. das Kraftwerk ist noch nicht gebaut). Der Antrag wurde gem. § 7 AAG abgelehnt.

Die V-AG (V), Betreiberin von sieben Kernkraftwerken in der Bundesrepublik, darunter zwei gerade erst in Betrieb genommene, erhält ein Schreiben der zuständigen Behörde, die ihr mit Wirkung zum 01.01.2011 sämtliche (bisher unbefristete und rechtskräftige) Betriebsgenehmigungen gemäß § 12 AAG entzieht.

Beide Firmen erheben (nach Erschöpfung des Verwaltungsrechtsweges) Verfassungsbeschwerde gegen die Maßnahmen, rügen dabei jeweils einen Verstoß gegen Art. 14 GG.

Fall 24: Hat die Verfassungsbeschwerde der E Aussicht auf Erfolg?

Fall 25: Ist die zulässige Verfassungsbeschwerde der V begründet?

Hinweis: Es ist nur ein Verstoß gegen Art. 14 GG zu prüfen! Gehen Sie davon aus, dass § 34 AAG eine verfassungskonforme Entschädigungsregelung enthält!

§ 78 I 1 Aktiengesetz
Der Vorstand vertritt die Gesellschaft gerichtlich und außergerichtlich.

Lösung Fall 24:

Die Verfassungsbeschwerde der E hat Aussicht auf Erfolg, soweit sie zulässig und begründet ist.

I. Zulässigkeit

Die Verfassungsbeschwerde müsste also zunächst zulässig sein.

1. Zuständigkeit des Bundesverfassungsgerichtes

Das Bundesverfassungsgericht müsste zuständig sein. Gemäß Art. 93 I Nr. 4a GG, §§ 13 Nr. 8a, 90ff BVerfGG ist das Bundesverfassungsgericht zuständig für Verfassungsbeschwerden.

2. Tauglicher Beschwerdeführer

E müsste des Weiteren eine taugliche Beschwerdeführerin sein.

Dazu müsste sie zunächst beschwerdeberechtigt sein. Gemäß Art. 93 I Nr. 4a, § 90 I BVerfGG kann eine Verfassungsbeschwerde von jedermann erhoben werden. Beschwerdeberechtigt sind also jedenfalls alle natürlichen Personen. **Bei E handelt es sich jedoch um eine Aktiengesellschaft, also um eine juristische Person des Privatrechts. Auch (inländische) juristische Personen können im Rahmen einer Verfassungsbeschwerde beschwerdeberechtigt sein, soweit die betroffenen Grundrechte „dem Wesen nach" auf sie anwendbar sind (Art. 19 III GG).**

Nach der Aufgabenstellung ist hier eine Verletzung von Art. 14 GG zu prüfen. Nicht anwendbar sind Grundrechte, die die natürlichen oder sittlich-moralischen Bedingungen für eine freiheitliche und gleiche Entfaltung des Menschen dienen. Art. 14 GG schützt jedoch das Eigentum, das nicht nur natürlichen Personen, sondern auch juristischen Personen zustehen kann. Diese befinden sich gegenüber dem Staat diesbezüglich auch in der gleichen Gefährdungslage wie natürliche Personen. Art. 14 GG ist daher dem Wesen nach auch auf juristische Personen anwendbar, sodass E hier beschwerdeberechtigt ist.

E müsste auch **prozessfähig** sein. Die Prozessfähigkeit ist im BVerfGG nicht geregelt. Das BVerfG nimmt daher eine Teilanalogie zum sonstigen Verfassungsrecht an und definiert die Prozessfähigkeit als die Fähigkeit, Prozesshandlungen selbst oder durch einen Bevollmächtigten vorzunehmen. Die Aktiengesellschaft wird **gem. § 78 I AktG durch den Vorstand gerichtlich und außergerichtlich vertreten**, sodass E (vertreten durch ihren Vorstand) auch prozessfähig ist.

E ist daher taugliche Beschwerdeführerin.

3. Beschwerdegegenstand

Es müsste sodann ein zulässiger Beschwerdegegenstand vorliegen. Gemäß Art. 93 I Nr. 4a GG und § 90 I BVerfGG kann Gegenstand der Verfassungsbeschwerde jeder Akt öffentlicher Gewalt sein, also Akte der Legislative, der Exekutive und auch der Judikative. Hier wendet sich E gegen den ablehnenden Bescheid der Behörde, aber auch gegen alle den Bescheid bestätigenden Gerichtsurteile.

Nach der Rechtsprechung des BVerfG hat der Beschwerdeführer die Wahl, ob er nur den Verwaltungsakt oder alle Entscheidungen angreift. Hier erhebt E Verfassungsbeschwerde **nach Erschöpfung des Rechtsweges**, sodass anzunehmen ist, dass sie sich auch gegen die Urteile wenden möchte. Es liegt dann ein Fall der objektiven Beschwerdehäufung vor.

Die E richtet Ihre Beschwerde also gegen einen Akt der Exekutive und mehrere Akte der Judikative. Es liegt somit ein zulässiger Beschwerdegegenstand vor.

4. Beschwerdebefugnis

E müsste des Weiteren beschwerdebefugt sein. Die Verfassungsbeschwerde kann gemäß Art. 93 I Nr. 4a GG, § 90 I BVerfGG erhoben werden, wenn der Beschwerdeführer behauptet, durch den angegriffenen Akt in seinen Grundrechten (oder grundrechtsgleichen Rechten) verletzt zu sein. **Ein Behaupten wird dabei erst angenommen, wenn die geltend gemachte Grundrechtsverletzung zumindest als möglich erscheint (Möglichkeitstheorie).** Die Beschwerdebefugnis entfällt daher nur, wenn eine Grundrechtsverletzung offensichtlich unter allen Gesichtspunkten ausgeschlossen ist. Hier ist nach Sachverhalt eine Verletzung des Art. 14 GG zu prüfen. E ist Eigentümerin eines Grundstückes. Der Verwaltungsakt versagt E eine bestimmte Verwendung des Grundstückes (bebauen mit einem Kernreaktor). Es ist daher nicht auszuschließen, dass das Grundrecht der E aus Art. 14 GG (Eigentumsfreiheit in der speziellen Ausprägung der Baufreiheit) verletzt ist.

Erforderlich ist ferner, dass die E selbst, gegenwärtig und unmittelbar beeinträchtigt ist. Da es sich hier um das Eigentumsrecht der E handelt, die Ablehnung die E bereits jetzt rechtlich bindet und weitere Vollzugsakte nicht mehr erforderlich sind, liegen auch diese Voraussetzungen vor.

Die E ist daher beschwerdebefugt.

5. Form / Frist

Die Verfassungsbeschwerde müsste gem. § 23 I S. 1 BVerfGG schriftlich erhoben werden, es gilt eine Frist von einem Monat ab Urteilsverkündung (§ 93 I S. 1 BVerfGG). Innerhalb dieser Frist ist die Beschwerde auch zu begründen, gem. §§ 92, 93 I S. 1 BVerfGG.
Von der Einhaltung der Form- und Fristerfordernisse ist auszugehen.

6. Rechtsschutzbedürfnis

Es müsste schließlich ein Rechtsschutzbedürfnis der E vorliegen. Gemäß § 90 II BVerfGG müsste die E dazu zunächst den Rechtsweg erschöpft haben. Dies ist laut Sachverhalt der Fall. Ferner dürften keine anderweitigen Möglichkeiten bestehen, die hoheitliche Maßnahme anzugreifen (Subsidiarität der Verfassungsbeschwerde). Solche Möglichkeiten sind hier nicht ersichtlich.

Ein Rechtsschutzbedürfnis der E liegt daher vor.

Die Verfassungsbeschwerde der E ist damit zulässig.

II. Begründetheit

Die Verfassungsbeschwerde der E ist begründet, soweit E tatsächlich in ihren Grundrechten (oder grundrechtsgleichen Rechten) verletzt ist. Das Bundesverfassungsgericht ist keine Superrevisionsinstanz. Es prüft nur die Verletzung spezifischen Verfassungsrechts, d.h. ob die Entscheidung auf einer verfassungswidrigen Norm beruht, ob Prozessgrundrechte missachtet wurden oder ob Grundrechte übersehen oder ihre Gewichtung fehlerhaft vorgenommen wurde.

1. Schutzbereich

Dazu müsste zunächst der Schutzbereich eines Grundrechtes eröffnet sein. Laut Sachverhalt ist hier nur Art. 14 GG zu prüfen, sodass es darauf ankommt, ob der Schutzbereich des Art. 14 GG eröffnet ist.

Der Schutzbereich des Art. 14 GG ist normgeprägt. Nicht nur die Schranken, sondern auch der Inhalt des Eigentums müssen durch Gesetz bestimmt werden und können nicht unmittelbar dem Art. 14 GG entnommen werden (Art. 14 I S. 2 GG).

Der verfassungsrechtliche Eigentumsbegriff meint jedoch nicht nur das zivilrechtlich in § 903 BGB geregelte Sacheigentum, sondern alle einer Person zustehenden Vermögensrechte (Sacheigentum, Patent- und Urheberrechte, vermögenswerte Forderungen, dingliche Rechte etc.). Nicht geschützt ist jedoch das Vermögen als Ganzes, sodass durch Erhebung von Abgaben (Steuern, Gebühren, Beiträge) der Schutzbereich nicht betroffen ist.

Eigentum im Sinne des Art. 14 GG ist also nicht das Vermögen als solches, sondern nur einzelne, dem Betroffenen zustehende vermögensrechtliche Positionen.

Vorliegend möchte E auf ihrem Grundstück ein Kernkraftwerk bauen und betreiben. Sie möchte also mit ihrem Grundstückseigentum nach ihrem Belieben verfahren. Betroffen ist also das Eigentum am Grundstück als vermögenswertes Recht, sowie die Baufreiheit als Teil der Eigentumsgarantie. Der Schutzbereich des Art. 14 GG ist damit eröffnet.

2. Eingriff

Es müsste ferner ein Eingriff in den Schutzbereich vorliegen. Als solcher kommt hier nur die Ablehnung der Bau- und Betriebsgenehmigung durch die zuständige Behörde nach § 7 AAG in Betracht.

In Anbetracht der unterschiedlichen Anforderungen an die verfassungsrechtliche Rechtfertigung ist zunächst zu untersuchen, **ob es sich dabei um eine Inhalts- und Schrankenbestimmung nach Art. 14 I S. 2 GG oder um eine Enteignung nach Art. 14 III GG handelt.** Anhand welcher Kriterien dabei zu unterscheiden ist, ist umstritten. Insbesondere der Begriff der Enteignung unterliegt dem Wandel der Zeit. Im liberalen 19. Jahrhundert verstand man unter Enteignung nur die Entziehung von Sacheigentum zur Güterbeschaffung des Staates. Im Wandel vom liberalen zum sozialen Rechtsstaat wurde der Enteignungsbegriff dann ausgeweitet, **sodass man darunter nunmehr jede Beeinträchtigung des Eigentümers verstand, die diesen in seiner Nutzungs- und Ausschlussfunktion beeinträchtigte.**

Heute werden insbesondere **drei Abgrenzungstheorien** diskutiert: Die Sonderopfertheorie des BGH, die Schweretheorie des BVerwG und ein formaler Entscheidungsansatz des BVerfG.

Nach der ***Sonderopfertheorie***[4] des BGH können nicht nur Sachentziehungen, sondern auch Einschränkungen und Beschränkungen des Eigentümers Enteig-

---

4 BGHZ 6, 270, 280.

nungen sein, wenn diese eine Ungleichbehandlung des Eigentümers gegenüber anderen zugunsten der Allgemeinheit darstellen. Dieser erbringe dann ein Sonderopfer aus Allgemeinwohlgründen. Diese Theorie stellt also auf die Ungleichbehandlung des Betroffenen als zentrales Kriterium ab.

Die ***Schweretheorie***[5] des BVerwG differenziert nach Schwere und Tragweite des Eingriffs. Dabei handelt es sich bei besonders schwerwiegenden, für den betroffenen unzumutbaren Eingriffen um Enteignungen.

Das **BVerfG unterscheidet Inhalts- und Schrankenbestimmungen von Enteignungen nach formalen Kriterien.**[6] Unterschieden wird dabei allein nach Art und Zweckrichtung des Eingriffs: Legt die zu beurteilende Vorschrift abstrakt-generell Pflichten des Eigentümers fest, handelt es sich um eine Inhalts- und Schrankenbestimmung. Wird hingegen gezielt (final) im Rahmen einer individuell-konkreten Entscheidung das Eigentum ganz oder teilweise entzogen, so liegt eine Enteignung vor.

Die vorliegende Entscheidung der Behörde beruht auf der Bestimmung des § 7 AAG. Diese betrifft alle Grundstückseigentümer gleich, indem sie ihnen den Bau und die Betrieb von Kernkraftwerken verwehrt. Das zentrale Kriterium der Sonderopfertheorie, die Ungleichbehandlung, liegt also nicht vor.

Unter Zugrundelegen der Schweretheorie wird man feststellen, dass im Hinblick auf die vielen Gebrauchsmöglichkeiten eines Grundstückes lediglich eine Nutzungsmöglichkeit ausgeschlossen wurde. Von einer unzumutbar schwerwiegenden Beeinträchtigung des Eigentums am Grundstück kann dabei nicht gesprochen werden.

Schließlich regelt § 7 AAG die Befugnisse von Grundstückseigentümern abstrakt-generell, indem sie allen Grundstückseigentümern den Bau und Betrieb von Kernkraftwerken verwehrt. Auch nach dem engen, formalen Enteignungsbegriff des BVerfG liegt ein Eingriff also nicht vor.

Da alle Theorien vorliegend zum gleichen Ergebnis kommen, kann eine Streitentscheidung dahinstehen. Bei § 7 AAG handelt es sich also um eine Inhalts- und Schrankenbestimmung. Es liegt daher ein Eingriff durch die behördliche Ablehnung des Antrages der E in Form einer Inhalts- und Schrankenbestimmung vor.

---

5 BVerwGE 5, 143; 30, 338.

6 BVerfGE 52, 1ff (Kleingartenentscheidung) und BVerfGE 58, 300ff (Nassauskiesungsentscheidung). Beide Entscheidungen sind Klassiker des Verfassungsrechts, die jeder Jurastudent einmal gelesen haben sollte.

3. Verfassungsrechtliche Rechtfertigung

Der Eingriff könnte jedoch verfassungsrechtlich gerechtfertigt sein, wenn die Inhalts- und Schrankenbestimmung des § 7 AAG verfassungsgemäß ist und die Entscheidung der Behörde auf der verfassungsgemäßen Anwendung der Vorschrift beruht.

a) Verfassungsmäßigkeit von § 7 AAG

aa) Formelle Verfassungsmäßigkeit

Zunächst müsste also § 7 AAG formell verfassungsmäßig sein. Die Zuständigkeit des Bundesgesetzgebers auf dem Gebiet des Atomrechts ergibt sich aus Art. 73 I Nr. 14, 71 GG. Laut Sachverhalt wurde das Gesetz im ordnungsgemäßen Verfahren beschlossen und verkündet. Auch bestehen keine Zweifel an der Einhaltung der vorgeschriebenen Form. Das Zitiergebot des Art. 19 I S. 2 GG gilt nach BVerfG nur für Gesetze, die darauf abzielen, ein Grundrecht „über die in ihm selbst angelegten Grenzen hinaus" einzuschränken. Da Art 14 GG jedoch Inhalts- und Schrankenbestimmungen vorsieht, soll das Zitiergebot hierfür nicht gelten.

§ 7 AAG ist daher formell verfassungsgemäß.

bb) Materielle Verfassungsmäßigkeit

§ 7 AAG müsste ferner materiell verfassungsgemäß sein.

Die Vorschrift gilt für alle Grundstückseigentümer und schränkt das Eigentum nur um eine von unendlich vielen Verwendungsmöglichkeiten ein. Ein Verstoß gegen das Einzelfallgesetzverbot (Art. 19 I S. 1, 2. HS GG) oder die Wesensgehaltsgarantie (Art. 19 II GG) ist daher nicht anzunehmen.

Fraglich ist aber, ob § 7 AAG dem verfassungsrechtlichen Grundsatz der Verhältnismäßigkeit entspricht.

(1) Legitimer Zweck

Dazu müsste er zunächst einem legitimen Zweck dienen, also dem Wohle der Allgemeinheit oder der Erfüllung eines staatlichen Schutzauftrages. Vorliegend soll das Gesetz dem Schutz der Bürger vor den Gefahren dienen, die von einem Kernreaktor ausgehen, sowie vor denjenigen, die durch die Lagerung des dabei entstehenden Atommülls entstehen. Daher dient es dem Zweck des Schutzes des Allgemeinwohls. Aus Art. 2 II GG ergibt sich zudem eine Pflicht des Staates, sich schützend vor das Leben und die Gesundheit seiner Bürger zu stellen, sodass die Vorschrift auch der Erfüllung eines staatlichen Schutzauftrages dient. An dem legitimen Zweck der Vorschrift bestehen folglich keine Zweifel.

(2) Geeignetheit
Sodann müsste das gewählte Mittel zur Erreichung des Zwecks auch geeignet sein. Dabei steht dem Gesetzgeber eine weite Einschätzungsprärogative zu. Die Grenze dieses Spielraums ist jedoch dann überschritten, wenn das gewählte Mittel evident untauglich zur Erreichung des Zwecks ist.

Betrachtet man nur das deutsche Staatsgebiet isoliert, so bestehen keine Zweifel an der Geeignetheit der Maßnahme. Werden Kernkraftwerke nicht betrieben, entstehen durch diese keine Gefahren und auch kein radioaktiver Abfall.

Dennoch ist zu bedenken, dass die Anrainerstaaten Deutschlands ca. 100 Kernreaktoren in Grenznähe betreiben und somit die Gefahr einer nuklearen Katastrophe oder der Verseuchung der Umwelt im Ganzen von Deutschland aus nicht steuerbar ist. Legt man jedoch diese Betrachtungsweise zugrunde, wären Maßnahmen des Gesetzgebers zur Bekämpfung von Gefahren, die nicht alleine von Deutschland ausgehen, niemals geeignet zur Erreichung ihres Zweckes und damit immer verfassungswidrig.[7]

Man wird daher wohl dem Gesetzgeber **die Möglichkeit einräumen müssen**, die ihm jeweils möglichen Maßnahmen zu ergreifen, um den angestrebten Zweck zu verwirklichen. Nicht zuletzt verringert sich dadurch zumindest die Wahrscheinlichkeit des Gefahreintrittes.

Die hier zu beurteilende Vorschrift stellt die **effektivste Möglichkeit** des deutschen Gesetzgebers dar und verringert zumindest das Risiko nuklearer Katastrophen für die Bundesbürger. Sie ist daher als geeignet anzusehen.

(3) Erforderlichkeit
Ferner müsste die Regelung erforderlich sein. Sie müsste also das mildeste unter allen gleich effektiven zur Verfügung stehenden Mitteln zur Erreichung des Zweckes sein. Zwar sind auch mildere Mittel vorstellbar, um die von Kernkraftwerken ausgehende Gefahr zu minimieren (Sicherheits- und Kontrollvorschriften etc.), doch ist wohl keine ebenso effektiv wie ein Totalverbot. Die Regelung des § 7 AAG ist also auch erforderlich.

---

[7] Man denke an Vorkehrungen gegen die globale Erwärmung oder den Gewässerschutz von Meeren und Flüssen.

(4) Angemessenheit

Schließlich müsste der Genehmigungsstopp des § 7 AAG angemessen sein. Im Rahmen der Angemessenheit ist **durch eine umfassende Güter- und Interessenabwägung ein Ausgleich zwischen der Sozialpflichtigkeit des Eigentums und dem staatlichen Schutzauftrag zum Schutz des Lebens** und der Gesundheit seiner Bürger **und dem Interesse des Eigentümers an der unbeschränkten Nutzung seines Eigentums ein Ausgleich zu finden**.

Art. 14 GG zeichnet sich gerade durch diesen Interessenwiderspruch aus. Einerseits ist das charakteristische am Eigentum die Privatnützigkeit. Es geht gerade darum, durch das Eigentum **die Grenze zwischen „mein und dein"** festzulegen. Andererseits ist Eigentum nach Art. 14 II GG sozialpflichtig, soll also auch dem Wohle der Allgemeinheit dienen.

In einer abstrakten Betrachtung wird man **wohl dem Recht der Bürger auf Leben und Gesundheit (vgl. Art. 2 II GG) Vorrang vor dem Recht des Eigentümers auf beliebige Nutzung gewähren müssen**. Insbesondere im Hinblick auf den Schutz solcher Rechtsgüter hat der Grundgesetzgeber dem einfachen Gesetzgeber die Möglichkeit gegeben, Inhalt und Schranken des Eigentums zu bestimmen.

In der konkreten Betrachtung muss man jedoch berücksichtigen, dass die **Wahrscheinlichkeit**, mit der sich eine größere nukleare Katastrophe ereignet, sehr gering ist, da ja auch Schutz- und Kontrollvorschriften in großem Umfang bestehen. Zudem ist zu bedenken, dass auch wenn nur eine Nutzungsmöglichkeit des Eigentums von vielen verboten wird, dennoch ein ganzer Wirtschaftszweig per Gesetz abgeschafft wird.

Für die Angemessenheit der Regelung spricht jedoch, dass trotz der geringen Wahrscheinlichkeit eines Katastrophenfalles, dieser ein **derartiges Ausmaß annähme**, dass Deutschland in seinem Bestand bedroht sein kann. Auch ein kleinerer Unfall, der nur die nähere Umgebung radioaktiv verseucht kann dabei Folgen großen Ausmaßes haben, wobei die Gefahr für die Bürger zunächst nicht erkennbar ist. Insbesondere ist aber auch zu bedenken, dass es bis heute keine Lösung für das nukleare Abfallproblem gibt. Dieser Abfall lässt sich bisher nicht neutralisieren und wird unterirdisch gelagert, in der bloßen Hoffnung, dort sicher verwahrt zu sein, bis er in einigen Jahrtausenden seine Gefährlichkeit verliert. Was im Falle eines größeren Erdbebens oder ähnlichem passiert, ist unabsehbar. **Dieses Problem wird durch die bisherige Praxis den späteren Generationen aufgebürdet, ohne dass man dessen Ausmaß heute schon abschätzen könnte.**

Vor diesem Hintergrund wird man der **Sozialbindung des Eigentums** hier wohl den Vorrang vor der Privatnützigkeit geben müssen, dem Schutz des Lebens und der Gesundheit der Menschen Vorrang vor dem des Eigentums. Die Regelung ist daher auch angemessen.[8]

§ 7 AAG ist daher verhältnismäßig. Die Vorschrift ist daher auch materiell verfassungsmäßig.

b) Ergebnis zur Verfassungsmäßigkeit des § 7 AAG
Die Vorschrift des § 7 AAG ist verfassungsmäßig.

c) Verfassungsmäßige Anwendung des § 7 AAG durch die Behörde
Da vorliegend die zuständige Behörde gehandelt hat und es sich bei § 7 AAG um eine gebundene Entscheidung handelt, bei der die Behörde kein eigenes Ermessen ausüben kann, bestehen Zweifel an der verfassungskonformen Anwendung der Vorschrift nicht.

4. Ergebnis zur verfassungsrechtlichen Rechtfertigung
Da § 7 AAG als Inhalts- und Schrankenbestimmung verfassungskonform ist und die Behörde die Vorschrift auch verfassungskonform angewendet hat, ist der Eingriff in den Schutzbereich des Art. 14 GG verfassungsrechtlich gerechtfertigt.

Da der Eingriff verfassungsgerichtlich gerechtfertigt ist, wurde die E nicht in ihrem Recht aus Art. 14 GG verletzt. Die Verfassungsbeschwerde ist daher unbegründet.

Ergebnis: Die Verfassungsbeschwerde der E ist zwar zulässig, aber nicht begründet. Sie hat daher keine Aussicht auf Erfolg.

---

8 Vgl. hierzu die Hinweise am Ende der Fallbearbeitung.

Lösung Fall 25:

I. Begründetheit

Die zulässige (vgl. Aufgabenstellung) Verfassungsbeschwerde der V ist begründet, soweit die V tatsächlich in ihren Grundrechten (oder grundrechtsgleichen Rechten) verletzt ist.

1. Schutzbereich

Dazu müsste zunächst der Schutzbereich eines Grundrechtes eröffnet sein. Laut Sachverhalt ist hier nur Art. 14 GG zu prüfen, sodass es darauf ankommt, ob der Schutzbereich der Art. 14 GG eröffnet ist.

Wie oben festgestellt umfasst der Schutzbereich nicht das Vermögen als solches, sondern nur einzelne, dem Betroffenen zustehende vermögensrechtliche Positionen.

Als vermögensrechtliche Position kommen zunächst die **Betriebsgenehmigungen** in Betracht. Der Gesetzgeber hat sich angesichts der hohen Investitionskosten der Betreiber bewusst entschieden, derartige Genehmigungen unbefristet zu erteilen.

Die bestandskräftigen Betriebsgenehmigungen stellen damit ein **eigentumsrechtliches Aktivum** dar[9] und somit ein Schutzobjekt des Art. 14 GG. Durch den Entzug der Genehmigungen zum 01.01.11 wird der V auch die wirtschaftliche Grundlage entzogen[10]. Daher ist auch das Recht am „eingerichteten und ausgeübten Gewerbebetrieb" der V betroffen, sofern man diesen als Schutzobjekt des Art. 14 GG anerkennt. Schließlich ist auch das Eigentum an den Grundstücken der sieben Kraftwerke betroffen, die ja nun zum Zwecke des Betriebes von Kernkraftwerken nicht mehr verwendet werden können (s.o.). Der Schutzbereich des Art. 14 ist daher eröffnet.

2. Eingriff

Durch den Entzug der Genehmigungen werden diese dem durch Art. 14 GG geschützten Besitzstand der V entzogen, dem **„eingerichteten und ausgeübten Gewerbebetrieb"** wird die Substanz entzogen und dem Eigentum an den Grundstücken eine Nutzungsmöglichkeit (s.o). Ein Eingriff liegt daher zweifelsohne

---

9 Schmidt-Preuß, NJW 2000, 1524.

10 Davon wäre selbst dann auszugehen, wenn V noch andere Kraftwerke betreibt, da bei lebensnaher Betrachtung der Betrieb von sieben Kernkraftwerken auch für große Energiebetriebe den Großteil der wirtschaftlichen Grundsubstanz darstellt.

vor. Fraglich ist auch hier, ob es sich dabei um eine Inhalts- und Schrankenbestimmung (Art. 14 I S. 2 GG) oder um eine Enteignung (Art. 14 III GG) handelt.[11]

Die Vorschrift entzieht den Betreibern von Kernkraftwerken die Betriebsgenehmigungen, während Energieunternehmen, die nur konventionelle Kraftwerke betreiben, nicht betroffen sind. Den Betreibern von Kernkraftwerken werden im Vergleich zu anderen Energieunternehmen also ungleich behandelt, ihnen wird ein Sonderopfer im Sinne der Sonderopfertheorie des BGH zum Wohle der Allgemeinheit abverlangt.

Durch die Anwendung von § 12 AAG wird den Betreibern die Genehmigung (als eigenständige Vermögensposition) vollständig entzogen. Gleichzeitig wird dem „eingerichteten und ausgeübten Gewerbebetrieb" jedenfalls der Großteil der Substanz entzogen.[12] **Man kann also auch von einem besonders schwerwiegenden, für die Betroffenen unzumutbaren Eingriff im Sinne der Schweretheorie des BVerwG sprechen.**

Schließlich werden den betroffenen Unternehmen die betroffenen verfassungsrechtlich geschützten Vermögenspositionen **final und individuell-konkret** entzogen. Auch im Sinne der formalen Abgrenzung des BVerfG wird hier die Eigentumsordnung nicht ausgestaltet, sondern überwunden. Es liegt daher nach allen Ansichten eine Enteignung im Sinne von Art. 14 III GG vor.

Im Schrifttum ist dieses Ergebnis umstritten. Teilweise wird angenommen, auch der Entzug der unbefristeten Genehmigungen sei als Inhalts- und Schrankenbestimmung zu bewerten. Demnach seien der **Genehmigungsstopp** (s.o.) und der Genehmigungsentzug als einheitliche Maßnahme zu sehen. Dabei sei klar der Charakter des Genehmigungsstopps als Inhalts- und Schrankenbestimmung zu erkennen, wobei sich dann bei gemeinsamer Betrachtung ergebe, dass die Entziehung der bestehenden Genehmigungen lediglich eine sachnotwendige Entziehung der Altrechte sei, die nach der Rechtsprechung des BVerfG niemals eine Enteignung darstelle.

Demnach sei zunächst die Rechtmäßigkeit der Inhaltsneubestimmung zu überprüfen. Stelle sich diese als rechtmäßig voraus, sei der Entzug der Altrechte (quasi als notwendiger Effekt der Inhaltsneubestimmung) **nicht an Art. 14 III GG zu messen**, der Entzug müsse **vielmehr selbst schlicht verhältnismäßig** sein.

---

11 Ausführlicher zu den Abgrenzungstheorien s.o.

12 Die Beschränkung des Eigentums an den Grundstücken stellt im Vergleich dazu eher eine Nebenerscheinung dar.

Diese Ansicht kann jedoch nicht überzeugen. Die „gemeinsame Betrachtung" von Inhaltsbestimmung und Altrechteentzug verzerrt die Realität. Dass der Entzug der Altrechte sachnotwendige Folge der Inhaltsneubestimmung ist ändert nichts daran, dass der Entzug selbst gegenüber dem Bürger enteignender Natur ist. Nur eine getrennte Betrachtung, wie in vorliegendem Gutachten, wird der tatsächlichen Problematik gerecht.

3. Verfassungsrechtliche Rechtfertigung

Die Enteignung könnte jedoch gerechtfertigt sein, wenn die Voraussetzungen des Art. 14 III GG erfüllt sind. Dabei handelt es sich um einen qualifizierten Gesetzesvorbehalt.

a) Formell verfassungsmäßige, gesetzliche Rechtsgrundlage

Die Enteignung darf nach Art. 14 III GG nur durch oder aufgrund eines Gesetzes erfolgen. Hier erfolgte die Enteignung durch eine behördliche Entscheidung (Verwaltungsakt) aufgrund der Regelungen des AAG (§§ 12, 34). An den allgemeinen Vorschriften der formellen Verfassungsmäßigkeit bestehen keine Zweifel (s.o). Art. 14 III S. 2 GG verlangt als zusätzliches, formelles Erfordernis, dass das Enteignungsgesetz selbst eine Regelung über Art und Ausmaß der Entschädigung des Eigentümers enthält (sog. Junktimklausel). Laut Sachverhalt enthält § 34 AAG eine solche Regelung, sodass die §§ 12, 34 AAG formell verfassungsgemäß sind.

b) Materielle Verfassungsmäßigkeit der §§ 12, 34 AAG

Die §§ 12, 34 AAG müssten ferner materiell rechtmäßig sein.

aa) Legitimer Zweck

Art. 14 III S. 1 GG lässt Enteignungen zu, jedoch nur solche, die dem Wohle der Allgemeinheit dienen. Dabei hat der Gesetzgeber prinzipiell einen weiten Konkretisierungsspielraum zur Festlegung von Gemeinwohlzielen, der allerdings nicht gänzlich unüberprüfbar ist. **Vielmehr ist zu prüfen, ob das bestimmte Gemeinwohlziel willkürlich oder sachwidrig ist.** In diesem Rahmen ist eine multikausale Betrachtung vorzunehmen, bei der auch festzustellen ist, ob durch unvermeidbare Substitutionseffekte anstelle des vermiedenen Risikos andere, zumindest **ebenso relevante Risiken** treten.

Vorliegend ist festzustellen, dass durch den sofortigen Verzicht auf Atomenergieproduktion die Stromgewinnung **durch CO_2-intensive konventionelle Methoden** drastisch gesteigert werden müsste. Die dadurch verstärkte globale Klimaerwärmung könnte sich jedoch als ähnliches Risiko erweisen wie dasjenige, das durch die Atomenergiegewinnung besteht. So sind bereits heute Folgen der Erderwärmung sichtbar, wie die Desertifikation ehemals fruchtbarer Landschaften, Flut- und Feuerkatastrophen.

Auch für dieses Problem gibt es bisher keine Lösung, es wird an die kommenden Generationen weitergegeben. Insofern besteht eine deutliche Ähnlichkeit zur Problematik des nuklearen Abfalls. Man könnte daher annehmen, durch den „Atomausstieg" entstünde unmittelbar eine globale Erwärmung (oder zumindest deren Verstärkung) als Substitutionseffekt, der eine ebenso relevante Gefahr darstellt, wie der Betrieb der Atomkraftwerke. So könnte man dem Atomausstieg seinen Gemeinwohlzweck absprechen.

Dabei wird aber unabhängig davon, ob die von CO_2 ausgehende Gefahr vergleichbar mit der Gefahr der Lagerung von atomarem Müll ist, vergessen, dass der Betrieb der Kernkraftwerke das permanente, bereits heute aktuelle Risiko von Unfällen gigantischen Ausmaßes darstellt. Ein dieser Gefahr vergleichbares Risiko entsteht jedenfalls nicht durch CO_2-Ausstoß. Zudem ist zu bedenken, dass sich durch die Verwendung von Forschungs- und Subventionsgeldern, die bisher an die Betreiber von Kernkraftwerken flossen, weitere Möglichkeiten zur Erforschung CO_2-neutraler Energien ergeben können.

Vor diesem Hintergrund ist der Allgemeinwohlzweck der zu prüfenden Vorschriften zu bejahen.

bb) Geeignetheit

Sodann müsste das gewählte Mittel geeignet sein, den Zweck zu erreichen. Wie oben festgestellt ist bei einer isolierten Betrachtung des deutschen Staatsgebietes ein sofortiges Verbot der Atomenergiegewinnung geeignet, die durch diese entstehenden Gefahren zu verhindern. Problematisch ist auch hier wieder, dass die Gefahr von den ca. 100 Atomreaktoren, die von den Anrainerstaaten Deutschlands in Grenznähe betrieben werden weiterhin die typischen Gefahren der Atomenergiegewinnung ausgehen. Wie jedoch bereits in Aufgabe 1 erläutert, muss dem deutschen Gesetzgeber die Möglichkeit gegeben werden, alles **für ihn mögliche zur Verringerung einer Gefahr zu tun**, auch wenn diese in ähnlicher Intensität weiterhin von den Nachbarstaaten ausgeht, da ihm ansonsten in vielen Fällen ein gefahrvermeidendes Eingreifen gänzlich unmöglich wäre. Der Entzug der Genehmigungen ist geeignet, die von der Atomenergiegewinnung ausgehenden Gefahren zu verringern.

cc) Erforderlichkeit

Ferner müsste der Entzug der Genehmigungen auch erforderlich sein. Er müsste also das mildeste, aller gleich effektiven zur Verfügung stehenden Mittel darstellen. Zwar bestehen auch andere Möglichkeiten zur Minimierung des Risikos atomarer Zwischenfälle (z.B. **Sicherheits- und Kontrollvorschriften**), doch sind diese zweifelsohne **nicht ebenso effektiv** wie das Totalverbot. Der Entzug der Genehmigungen ist daher auch erforderlich.

dd) Angemessenheit

Schließlich müsste die Reglung der §§ 12, 34 AAG angemessen sein. Hier kommt es auf eine umfangreiche Güter- und Interessenabwägung im Sinne einer Zumutbarkeitsprüfung an.

Dabei ist zunächst festzustellen, dass Leben und Gesundheit der Menschen, deren Sicherung ja das Ziel der Regelung ist, zu den höchsten Verfassungsgütern gehören. Insbesondere bestehen auch staatliche **Schutzpflichten** zu deren Gunsten, der Staat hat sich schützend vor das Leben zu stellen.

Andererseits ist festzustellen, dass der Staat bei der **Erfüllung von Schutzpflichten** einen äußerst **weiten Einschätzungsspielraum** hat. So wurde auch bisher durch die Genehmigung von Kernkraftwerken nicht gegen diese Schutzpflichten verstoßen. Der Staat ist ihnen durch strenge Aufsichts-, Sicherheits- und Kontrollvorschriften nachgekommen.

Auf der anderen Seite der Abwägung steht die **Eigentumsgarantie des Art. 14 GG**. Auch diese ist ein hohes Verfassungsgut. Das Eigentum zeichnet sich im Kern durch seine Privatnützigkeit und die Verfügungsbefugnis des Eigentümers aus. Es dient dazu, Sachen oder Rechte bestimmten Personen zuzuweisen und so **eine vermögenswerte, sichere Rechtsposition** zu schaffen.

Diese Rechtsposition, bzw. der wirtschaftliche Wert des Eigentums hat sich für den Eigentümer dann verwirklicht, wenn dieser einerseits das investierte Kapital amortisieren konnte und andererseits sein Eigentum anschließend zur Erzielung eines Gewinnes, quasi als Prämie seiner Leistung und Risikoübernahme einsetzen konnte.

Vorliegend sollen nach § 12 AAG sämtliche Betriebsgenehmigungen drei Monate nach In-Kraft-treten des Gesetzes entzogen werden, ohne Rücksicht darauf ob die Betreiber ihre Investitionen amortisieren, oder gar einen Gewinn schöpfen konnten. Betreibern, die Kraftwerke gerade erst in Betrieb genommen haben, wie auch der V, wird so der Kern ihres Eigentums entzogen, sie konnte dieses nicht nutzen.

Die Gefahren, die von den Kraftwerken ausgehen, sind **abstrakte Dauergefahren**. Vor diesem Hintergrund wird man feststellen müssen, dass zu einem gerechten Ausgleich zwischen den privatnützigen Eigentumsinteressen der Betreiber und dem Allgemeinwohlinteresse des Staates ein Genehmigungsentzug nur nach Ablauf bestimmter Restlaufzeiten angemessen ist. **Dabei ist dann sicherzustellen, dass die Restlaufzeiten einerseits genügen, um den Betreibern zu ermöglichen, ihre Investitionen zu amortisieren.**

Andererseits wird man, um dem Eigentum nicht seinen privatnützigen und freiheitssichernden Charakter zu entziehen, **den Betreibern eine angemessene Zeit zum Ziehen der Früchte seiner Investitionen als Prämie eigener Leistung und Risikobereitschaft geben**, ihnen also eine **Gewinnschöpfung** ermöglichen müssen.[13] Möglich wäre dazu eine feste gesetzliche Regelung, die eine so lange Restlaufzeit vorsieht, dass diese Voraussetzungen für alle Kraftwerksbetreiber gegeben sind. Ebenso wäre es möglich, eine **Einzelfallentscheidung** der zuständigen Behörde über die Restlaufzeit vorzusehen, wobei dann hohe Anforderungen an die Bestimmtheit der gesetzlichen Grundlage zu stellen wären, die dann sicherstellen muss, dass die Behörde den o.g. verfassungsrechtlichen Anforderungen an die Restlaufzeit genügt.

Angesichts der extrem hohen Investitionen der Kraftwerksbetreiber ist jedenfalls festzustellen, dass ein sofortiger Entzug der Genehmigungen ohne Restlaufzeit (oder wie im vorliegenden Fall von max. 3 Monaten) die Bedeutung der verfassungsrechtlichen Eigentumsgarantie **verkennt und daher unangemessen** ist

Die Regelung der §§ 12, 34 AAG ist daher **nicht verhältnismäßig**. Sie ist daher auch nicht materiell verfassungsgemäß. Da die Entscheidung der Behörde zum Entzug der Genehmigungen auf der verfassungswidrigen Regelung des § 12 AAG beruht, ist auch die Entscheidung selbst verfassungswidrig.

13 a.A. vertretbar.

Ergebnis: Da der Eingriff in den Schutzbereich des Art. 14 GG nicht verfassungsrechtlich gerechtfertigt ist, ist die V in ihrem Grundrecht aus Art. 14 GG verletzt. Die Verfassungsbeschwerde der V ist daher begründet[14].

---

[14] Es ist ebenso vertretbar, im Rahmen der Angemessenheit dem Schutz des Lebens und der Gesundheit der Mitbürger den Vorrang vor den Interessen der Eigentümer zu geben. Vertritt man allerdings die Ansicht, ein Atomausstieg ohne jede Restlaufzeit sei angemessen, wird man dies gut und ausführlich begründen müssen.

Ohne weiteres vertretbar wäre es allerdings, wenn man für die Angemessenheit der Restlaufzeit lediglich die Möglichkeit des Betreibers zur Amortisierung seiner Investitionen voraussetzt, nicht aber eine Möglichkeit zur Gewinnerzielung.

Schließlich wäre auch die Ansicht vertretbar, der Entzug der bestehenden Genehmigung sei eine Inhalts- und Schrankenbestimmung. Deren ausführliche Darstellung würde den Umfang dieser Fallbearbeitung sprengen. Wer sich allerdings ausführlicher mit dieser Ansicht beschäftigen will, dem sein folgender Aufsatz empfohlen: Koch, Der Atomausstieg und der verfassungsrechtliche Schutz des Eigentums, NJW 2000, 1529 ff. Einen ausgezeichneten Überblick zu der hier vertreten Ansicht, sowie auch zur Problematik des Atomausstieges im Allgemeinen bietet der Aufsatz von Schmidt-Preuß, Atomausstieg und Eigentum, NJW 2000, 1524 ff.